Thierry de Carbonnières

SALUTS ET APPLAUDISSEMENTS

Archimbaud éditeur

Riveneuve éditions

Remerciements à Claude Mendibil et Jean-Marie Laclavetine

Ainsi commença cette tendance dont je ne puis m'écarter de toute ma vie ; transformer ce qui me causait joie et tourment ou m'occupait de quelque manière, en une image, en un poème, et y mettre pour moi le point final, tant pour rectifier mes concepts du monde extérieur que pour me tranquilliser intérieurement à ce propos.

Goethe

Un poète est toujours optimiste, même s'il décrit la fin du monde, même s'il affirme que l'on ne peut vivre ensemble. Du moment qu'il l'écrit, c'est qu'il a confiance en lui, confiance dans le monde.

Brecht

Attention, ça va être à moi. Je descends l'escalier, passe devant la costumière, approche doucement du rideau, entre en scène, ma phrase prononcée, je ressors. Je reste en coulisses, tourne en rond, compte consciencieusement les lattes du parquet, cinquante. Deuxième intervention. Je passe, silencieux, au fond du plateau, un regard vers mes partenaires, je disparais. Je monte l'escalier. Dans ma loge, j'attends.

Assis face au miroir, mon reflet me regarde, vingt minutes de conversation muette. Troisième intervention. Je descends l'escalier. Caché dans les coulisses, j'interpelle les acteurs en scène : comme chaque soir le public éclate de rire, je suis fier, je suis un bon comédien. Je monte l'escalier. Je change de costume et de coiffure, encore dix minutes d'attente face au miroir. Dernière intervention. Je descends l'escalier, j'entre en scène. Collé à ma partenaire, mes lèvres effleurent les siennes, sensation furtive de l'amour, pas le temps d'avoir d'états d'âme, je m'éclipse. Pour moi la représentation est terminée.

Je déambule dans le couloir, je m'ennuie, je vole une cigarette dans la poche du pantalon de l'actrice principale « Tenir le coup », voilà ce que je pense. Dans le haut-parleur, j'entends les dernières répliques. J'aspire une rapide bouffée. Pour la quatrième fois je descends l'escalier. Je rejoins mes partenaires sur le plateau, nous nous donnons la main, le rideau se lève. Lumière ! Eblouissement. Saluts et applaudissements.

Le lendemain. Dans cette pièce, mon personnage n'a qu'une seule phrase « Le taxi est garé un peu plus loin ». Je suis habitué, il y a quelques années j'ai joué la même réplique pendant une saison entière « Mais si les Espagnols savaient, ce serait grave ! », ce qui n'a pas empêché qu'un dimanche en matinée, le trou, plus rien, quatre cents spectateurs suspendus à mes lèvres. Mon partenaire, les yeux exorbités, s'est approché de moi, a marmonné entre ses dents « Mais si les... Mais si les... » Immédiatement je me suis jeté sur cet embryon de phrase, espérant que le reste viendrait naturellement « Mais si les... les Polonais, les... Italiens... les Marocains ». Je sentais bien que je me rapprochais, qu'il aurait suffi que je pense "Gibraltar" pour que l'Espagne apparaisse enfin. Mais c'est rare de penser "Gibraltar" devant quatre cents personnes, un dimanche, en matinée. Je n'ai pas pu finir la seule réplique que j'avais à dire, j'ai simulé une déprime soudaine, mon compagnon d'infortune m'a sorti de scène par les épaules en titubant.

A la pression de ses mains, j'ai bien compris qu'il sauvait le spectacle et que dans dix ans il en parlerait encore comme un des faits d'armes les plus importants de sa carrière.

Au Conservatoire, j'ai travaillé Le Cid, Alceste, Hamlet, Le Roi Lear, que des rôles-titres, avec de longs monologues. A ma sortie, quand j'ai commencé à jouer des petits rôles, je me suis dit que cela ne durerait qu'un temps, que devait exister une sorte d'alternance, chacun son tour. J'étais confiant, fier de faire partie de la grande famille du théâtre.

Vingt ans plus tard, tout mon personnage réside dans ces huit mots « Le taxi est garé un peu plus loin », il ne dit que ça, il ne pense qu'à ça : un fou. Attention ça va être à moi. Je descends l'escalier. Première intervention. La pièce est déjà commencée depuis vingt minutes, j'ai l'impression de débarquer au milieu d'une conversation privée entre les deux rôles principaux et le public, ça me gêne de les déranger. Je me sens de trop, un idiot dont il faut vite se débarrasser. C'est fait.

Ce soir, je n'ai pas envie de me retrouver seul face à mon miroir, alors j'ai décidé de rester dans les coulisses en compagnie d'une des deux comédiennes. Elle ferme les yeux, expire doucement, s'étire, se relaxe un instant. Je fais exactement pareil, je ferme les yeux, je soupire, je baille, un sourire béat accroché aux lèvres. C'est agréable, nous sommes comme deux jeunes mariés qui se préparent à faire l'amour. Deuxième intervention. J'entre en scène, je traverse le plateau, je ressors, je m'assois sur un tabouret derrière les pendrillons. J'attends.

Troisième intervention. La mère du rôle principal croit que sa fille passe l'après-midi avec sa tante, au lieu de cela sa fille a invité son petit ami : "le petit ami", c'est moi. Enfin, sa voix « Jeanne, Jeanne qui est là ? » Ce n'est pas grand-chose, mais chaque soir, quand le public entend cette voix grave d'homme venir des coulisses à la place de la voix de la tante, il éclate de rire. À la costumière, je fais le V de la victoire. Je remonte l'escalier.

Assis face au miroir, je lutte contre le sommeil. Dans le haut-parleur j'entends « Jacques passe me prendre dans cinq minutes ». Jacques, c'est mon autre personnage, un rôle muet. Dans le texte c'est écrit comme ça « Jacques arrive, embrasse Madeleine, sort sans rien dire. » Je change rapidement de costume, dévale l'escalier, entre en scène, me dirige vers l'actrice principale, l'embrasse, puis sors sans un mot. Après ce passage silencieux, la représentation est terminée pour moi. Je remonte l'escalier lentement, marche par marche.

Quinze minutes à patienter assis face à mon visage dans le miroir. Je le regarde, il me sourit, je ne sais pas quoi lui répondre. J'ai la sensation qu'il me surveille, je suis mal à l'aise, j'ai envie d'échapper à son emprise, partir, retrouver la vie réelle. Un jour, je n'attendrai pas les saluts. Après ma dernière intervention, je descendrai de scène, je traverserai le public, et je m'échapperai par le fond de la salle. Peut-être que les gens se précipiteront pour venir voir ce petit rôle qui a osé s'enfuir au milieu de la pièce ? Peut-être même qu'on en parlera dans les journaux. Dernières répliques dans le haut-parleur, je rejoins mes deux partenaires, nous nous donnons la main, le rideau se lève. Lumière ! Eblouissement. Saluts et applaudissements.

Générale. Dans la salle, trois cents invités, la presse, les acheteurs pour une éventuelle tournée, les producteurs, et surtout les copains pour faire la claque. Nous avons beaucoup plus peur qu'à la première, le ventre noué, l'impression qu'un petit écart de langage, un geste, un déplacement mal négocié peut changer la face du monde. Ce soir, c'est notre existence sur scène pour toute la saison prochaine qui se joue !

Depuis ce matin je suis en retard, comme si le présent accélérait sans que je puisse le rattraper. Dans ma loge, j'enfile chaussettes, pantalon, t-shirt, chemise. Mince, je ne me souviens plus où est garé le taxi ? Chaussures, lacets, cravate, manteau, écharpe. Où est garé ce taxi ? ! Chapeau, poudre sur le visage, descendre l'escalier, surtout ne pas tomber, traverser le couloir, plus que cinq secondes, je vais avoir un trou, il est garé où ce putain de taxi ? ! Au secours !

Première intervention. Tendu comme un arc, j'entre en scène, et là, miracle, « un peu plus loin » , c'est venu tout seul, « le taxi est garé un peu plus loin ». Je sors. Dans les coulisses, la bouche grande ouverte comme à la fin d'un mille cinq cents mètres, je reprends ma respiration. L'habilleuse me regarde avec compassion. Calme Victor, calme-toi.

Deuxième intervention. Quel bonheur de jouer devant une salle pleine. Quand le public est dense, j'ai la sensation qu'un gros animal tapi dans l'ombre m'observe. Lorsqu'il y a peu de spectateurs, il faut les convaincre un à un, une bagarre au corps-à-corps, c'est épuisant. Ce soir, la salle est comme une bête à apprivoiser, et quand cette bête rit, qu'elle est émue, je sens des petites vagues d'électricité courir sur ma peau. J'en profite. Quel délice.

À la fin de cette intervention, mon personnage regarde l'heure. En remontant ma manche, je m'aperçois que j'ai oublié ma montre dans la loge. Je relève la tête, la sueur dégouline sur mes tempes, j'ai chaud, je suis paralysé, persuadé que les trois cents spectateurs observent attentivement mon poignet. Ils ne regardent que ça, c'est certain. Je souris exagérément à mes partenaires. Millimètre par millimètre je relève ma main à l'intérieur de ma manche, jusqu'à ce qu'elle disparaisse. J'ai fini la scène comme un manchot. Malgré la peur, ce n'était pas si désagréable. Pour une fois j'ai eu l'impression de jouer quelque chose.

Je remonte dans ma loge. Je ferme la porte derrière moi. Je m'assois. Le miroir entouré d'ampoules me renvoie l'image d'un homme ordinaire, quarante ans, taille moyenne, bonne figure, mais quelque chose manque. En observant mon visage, une idée me vient. Quand je parle aux rôles principaux, ils ne me regardent pas, ils sont toujours face public, alors que moi, je suis perpétuellement tourné vers l'un ou l'autre. Peut-être que les spectateurs ne voient jamais mon visage ? Je descends l'escalier. Attention, ma voix dans les coulisses, la voix grave à la place de la voix fluette de la tante, « Jeanne, Jeanne qui est là ? », trois cents personnes mortes de rire. Je suis un grand petit rôle.

Quatrième intervention, impeccable. Dernières répliques. Je rejoins mes partenaires. Sagement alignés derrière le rideau rouge, nous nous donnons la main. Lumière ! Eblouissement. Saluts et salves d'applaudissements, puis rappels de générale. Nous remontons dans nos loges, bouquet de fleurs pour chacun, même pour moi ; merci. Je plie soigneusement mes trois costumes pour la représentation de demain. Je descends l'escalier. En arrivant dans le hall, mon bouquet à la main, j'aperçois tous mes copains, comédiens, metteurs en scène, attachés de presse, agglutinés autour des rôles principaux, comme ces troupeaux de moutons qu'on voit sur les photos prises du ciel. Pas un regard vers moi. J'ai hésité, j'ai attendu, mon coeur s'est serré, je suis parti.

Je marche dans la rue. Au bar, seul devant une bière, je pense : un petit rôle, c'est une fonction. Pour que l'histoire continue de se raconter, l'auteur décide que le personnage principal rencontre "un ami", "quelqu'un", "un parent", "une personne", qui lui apprend quelque chose. Depuis presque vingt ans, cet "ami", ce "quelqu'un", cette "personne", ce "parent" : c'est moi. Pas de passé, pas de personnalité, rien à jouer d'autre que faire avancer l'histoire des héros.

Lendemain de générale, peu de monde dans la salle, les articles ne sont pas encore sortis dans la presse. J'aimerais ressentir ce que Diderot dit du comédien : sa présence et son absence. Être loin, très loin, dans un endroit calme, sans tension, se regarder jouer, tranquille, comme un marionnettiste actionne une figurine. Pour un petit rôle c'est impossible, le plaisir du jeu il ne connaît pas. Le petit rôle est un eunuque ?

Dans le haut-parleur, une réplique, toujours la même, me donne des fourmis. Ce soir, je n'ai pas particulièrement envie de jouer, mais mon corps, lui, veut absolument y aller. Il palpite, trépigne, une véritable transe qui m'emporte dans son tourbillon. Je le regarde s'habiller, se maquiller, descendre l'escalier à toute vitesse, courir vers la lumière. Mon corps ne m'appartient plus.

Un jour, au Conservatoire un professeur m'a confié « Essaie de mettre des petits bouts de ta vie dans ton personnage, des souvenirs personnels. Au fil des représentations cette structure invisible deviendra la colonne vertébrale de ton jeu. Mais chut, personne ne doit le savoir, pas même le metteur en scène. Jouer, c'est avoir un secret ».

J'aimerais bien revoir ce professeur pour lui demander quels souvenirs d'enfance, quels petits bouts de ma vie je dois mettre dans « Le taxi est garé un peu plus loin ». Mon secret, c'est que je n'ai pas de sympathie particulière pour mon personnage, ni de dégoût, il m'est indifférent. Que faire avec ça ? Jouer sans envie, est-ce possible ?

Première, deuxième, troisième, à la quatrième intervention j'ai senti quelque chose, un moment de vérité, de la chaleur à l'intérieur de moi, un frisson. J'ai lancé « Ça lui passera »… Ah, pardon, j'ai oublié de vous dire, à la fin de la pièce j'ai une autre phrase : « Ça lui passera. » Je ne vous en ai pas parlé, parce que je trouve que ce n'est pas une réplique. « Le taxi est garé un peu plus loin », c'est une vraie information, ça peut redonner de l'espoir, ça peut même sauver une vie, mais « Ça lui passera » ça ne veut rien dire. Après « Ça lui passera », c'est vide. Déjà six fois depuis le début des représentations que je dis ces trois mots, six fois que je ne ressens rien, mais ce soir quand le rôle principal m'a lancé comme d'habitude « Elle ne veut pas sortir », je n'ai pas réfléchi, j'ai répliqué directement du tac au tac « Ça lui passera ! », accompagné d'un grand geste du bras, genre je m'en fous, et, à mon étonnement, les spectateurs ont éclaté de rire.

L'idée d'arrêter la représentation pour saluer le public, m'a traversé l'esprit. D'ailleurs ma partenaire a écarquillé les yeux comme si elle découvrait ma présence sur scène pour la première fois. Mais j'ai préféré enchaîner, garder ce triomphe loin à l'intérieur.

Ce professeur du Conservatoire a raison « Jouer c'est avoir un secret », même quand cela n'a rien à voir avec la situation ou le personnage. Si les spectateurs savaient ce qui se passe dans ma tête pendant la représentation, toutes les récompenses que je me décerne pour un mot bien articulé, une réplique réussie, mais aussi tous les blâmes, les mauvaises notes, les avertissements pour un geste, une intonation ratée, peut-être me regarderaient-ils différemment. Je rejoins mes partenaires. Je leur donne mes mains avec enthousiasme. Lever de rideau. Lumière ! Eblouissement. Saluts et Applaudissements.

Hier, je me suis trompé. Au lieu de dire « Le taxi est garé un peu plus loin », j'ai dit « Le taxi est garé un peu plus foin », je me suis rattrapé en bafouillant. Mes partenaires le font très souvent, pour eux c'est possible, ils jouent un match de tennis en cinq sets, ils peuvent rater quelques balles, même un set, et pourtant gagner le match. Moi, je rentre en scène, je joue une balle et je ressors : si je la rate, je perds tout.

Ce soir, j'ai peur de me tromper. J'enchaîne les exercices d'articulation un crayon entre les lèvres : « Des saucisses aux choux en sachets. Le fisc fixe chaque taxe fixe excessive exclusivement au luxe et à l'exquis. Natacha n'attacha pas son chat Sacha. » Comédien c'est une passion, petit rôle c'est un travail. Je descends l'escalier. Dans les coulisses je croise l'habilleuse. Tiens, je l'avais oublié l'habilleuse, elle doit se demander pourquoi je suis déjà là. Je me suis tellement pressé que pour la première fois je suis en avance. On s'observe en silence, elle me sourit. Bonsoir Gladys. Elle est plutôt jolie. Je ne parviens pas à répondre à son sourire, je suis trop tendu, mon esprit est encore dans ma voiture, coincée dans les embouteillages sur le périphérique. La peur d'être en retard.

Sur le plateau les rôles principaux enchainent leurs monologues. Dans ma tête les huit mots de ma réplique tournent à toute vitesse sans que je puisse les arrêter, s'effacent d'un coup, reviennent en gueulant comme ces monstres qui surgissent sans prévenir dans les films d'horreur. Attention, le moment approche. J'entre en scène. Je regarde ma partenaire avec tendresse, je m'approche, lui saisis les mains fermement et lui murmure « Le, taxi, est, garé, un, peu, plus, loin ». Vu l'étonnement que je peux lire sur son visage, je ne suis pas certain qu'elle comprenne ce que je suis en train de lui envoyer comme message ; moi non plus d'ailleurs.

Je reste dans les coulisses.

Deuxième intervention. Je passe en fond de scène, j'écoute deux femmes parler entre elles, puis m'éloigne d'un pas langoureux. Ce soir, je suis vraiment à l'aise, un peu comme John Wayne dans le film Rio Bravo. Je devrais toujours arriver en retard au théâtre. Troisième entrée. Au moment où je lance des coulisses « Jeanne ! Jeanne ! Qui est là ! », je sens un corps étranger sur ma langue. Les mots et le chewing-gum que l'habilleuse vient gentiment de m'offrir pour calmer mon angoisse, ont jailli de ma bouche en même temps : « Jchanne ! Jchanne ! Schy ai là ! ».

De l'autre côté du décor les acteurs sont tétanisés. J'attends, le coeur serré. Oh, comme j'aimerais revenir en arrière. Ça doit être possible d'effacer une minute de sa vie, une petite minute. Jamais au Conservatoire je n'ai travaillé Alceste ou Le Roi Lear avec un chewing-gum dans la bouche. Si je pouvais m'évanouir, ou même mourir, ça m'arrangerait : mais non, rien, je suis toujours vivant, bêtement vivant. Doucement la représentation a repris son cours, et mon coeur ses battements. Dans la salle, les spectateurs se sont débrouillés avec un texte incompréhensible « Jchanne ! Jchanne ! Schy ai là ! ». L'habilleuse m'aide à m'asseoir sur une chaise. De l'eau froide, trois petites claques sur mon visage. Elle est si proche, j'ai envie de l'embrasser. Impossible de remonter dans ma loge, je n'aurais pas la force de redescendre tant je suis oppressé, l'impression d'avoir quatre-vingt ans. Gladys, sauvez-moi Gladys, je vous aime ! Ma poitrine halète, comme celle d'un chat apeuré.

Quatrième intervention. J'entre en scène hagard, dans le gaz, shooté par la culpabilité de ce que je viens de commettre. Je n'ose pas regarder mes partenaires en face. Elles doivent être furieuses, fumasses comme disait mon père, alors j'envoie « Ça lui passera » sans aucune énergie. Mou, tout mou, pas d'intention de jeu, rien. Cette fois-ci je m'en fous pour de bon ! Pourtant le public éclate de rire. Ce soir, mon secret à moi, c'est que j'ai failli crever de honte. Dernières répliques. Groggy, je rejoins mes partenaires, dans le noir j'attrape leur main au hasard. Ouverture du rideau. Lumière, pas d'éblouissement, saluts et applaudissements. Par la sortie de secours, je file à la maison.

Banlieue sud de Paris. Ce matin je viens faire une séance de "comédien-lumière" pour un organisme de formation de technicien du cinéma. Je suis venu en RER. J'ai acheté mon billet de retour pour ne pas être en retard au théâtre ce soir. Dans ce stage, mon rôle consiste à m'asseoir sur une chaise et rester immobile toute la journée. Les apprentis éclairagistes s'affairent autour de moi, ils approchent de mon visage une cellule qui mesure la lumière en Lux, parlent de mon nez, de mes joues, de mes yeux comme de canyons, de montagnes, de vallées, qu'il faut mettre en valeur. C'est agréable, je me sens important. Puis ils allument des projecteurs, les déplacent à droite, à gauche, les remontent, resserrent le faisceau, augmentent l'intensité, et filment chaque fois pendant vingt secondes. Enfin ils visionnent et analysent comment la lumière transforme mon visage, lui donne du sens indépendamment de son expression. C'est intéressant. Avant d'arriver au résultat idéal, il peut s'écouler une journée entière.

Aujourd'hui, nous sommes deux, une comédienne et moi. Difficultés supplémentaires pour eux : éclairer un visage sans faire de l'ombre à l'autre, et pour moi ; rester une journée entière immobile à cinquante centimètres d'une femme. Tôt ou tard le désir monte, une torture, j'ai envie de l'embrasser sur la bouche. Aujourd'hui ma partenaire arbore de grosses lunettes noires. Immédiatement je pense, peut-être trop fort, “la frimeuse”.

- Tu te demandes, pour les lunettes ? Tu connais Babette, à force de se faire éclairer sans protection elle a des trous noirs dans son champ visuel, l'image n'imprime plus.

Son médecin lui a dit que si elle continuait, dans quelques séances elle serait aveugle.

- C'est pas vrai !

- J'te jure. Ici, ils ne veulent plus l'employer, ils ont peur d'un procès. Elle n'aurait jamais dû en parler, elle bosserait encore.

- Oui, mais elle perdrait la vue.

- C'est sûr, mais elle aurait été acceptée en “maladie professionnelle”, avec les indemnités qui vont avec.

Sept heures assis sur une chaise, quel travail ! Ma collègue a raison, j'ai beau plisser les paupières, les yeux me brûlent déjà. J'essaie de les fermer de temps en temps, l'un après l'autre, mais lentement, je ne veux pas qu'elle croit que je lui fais de l'oeil. Autour de nous les techniciens s'activent en silence. Que faire, quand on est payé à ne rien faire ? Dans le RER, en feuilletant le journal, je suis tombé sur une citation d'un philosophe « On est ce qu'on fait, et ce qu'on fait transforme l'être ». J'ai peur.

- Tu bosses en ce moment ? demande-t-elle.

- Oui.

- Avec qui ?

- Avec toi.

Elle m'a regardé d'un drôle d'air. Dix minutes ont passé.

- Pas facile de jouer, avec la crise…

- Je sais.

- Je viens de faire un kangourou dans un grand magasin, les enfants n'ont pas arrêté de me donner des coups de pieds. Y a même un papa qui m'a bourré de coups de poing pour rigoler.

Là, je crois que j'ai touché le fond, plus bas dans le métier ça n'existe pas. Pour me rassurer, un copain m'a confié qu'il suffisait d'attendre. « Tu verras, quand tu touches le fond de la piscine, ensuite tu remontes comme un bouchon de champagne vers le succès. C'est automatique, il faut juste être patient. »

Derrière mon dos, un technicien aux joues couperosées posées au milieu d'un visage blême en forme de lune, a annoncé qu'à l'origine, il y a cent mille ans, on était tous noirs et qu'aujourd'hui, nous, les blancs, sommes des dégénérés. Je regarde ma montre ; dix heures. Souvent le temps avance trop vite, aujourd'hui il recule. Ma collègue est si proche de moi, je peux sentir l'odeur de son parfum "Senteur muguet", comme dans les toilettes. J'ai du mal à respirer.

- On est bien ici.
- Oui.
- Il y en a qui sont plus malheureux que nous.
- Ah bon ?
- En Afrique, les pauvres…

J'ai pensé qu'il y avait sûrement des gens très heureux en Afrique, mais je n'ai rien dit, je n'ai pas eu envie de lui gâcher sa journée. J'ai fermé les yeux et j'ai fait semblant de dormir. Doucement l'atmosphère est devenue chaude et rouge, comme elle doit être sur la planète Mars. Quand ma collègue m'a demandé de toucher ses cuisses qu'elle trouvait trop grosses, j'ai cru que je faisais un cauchemar. Le réalisateur m'a sauvé la vie en gueulant, « A la bouffe ! », et elle a conclu en se levant énergiquement, « Putain, on a bien bossé. »

L'après-midi est passé sans événement particulier. Elle a sorti un journal qu'elle a lu consciencieusement de la première à la dernière ligne, et moi j'ai passé mon temps à fermer les yeux le plus souvent possible pour ne pas devenir aveugle et sans indemnité. Un après-midi inutile que je regretterai sûrement à la fin de ma vie. Mais bon, dans ce métier un après-midi travaillé c'est une bouée de sauvetage supplémentaire pour éviter la noyade le jour du re-calcul de notre dossier Assedic. Le RER file vers le théâtre. Ce soir, le metteur en scène est présent :

- Tu te fous de ma gueule, j'étais là, hier soir, c'est pas possible « Jchanne, Jchanne, schy ai là ! » Tu te branles en coulisses ou quoi !

Je n'ai pas eu la force de lui parler du chewing-gum. Penaud, je me suis excusé et je suis monté dans ma loge en trainant les pieds. Maux de ventre, mon unique réplique tourne, se mélange dans ma tête « Le Taxi plus loin garé est un peu. Loin le taxi plus un peu est garé. Le garé est un peu plus loin taxi. » J'ai peur de me tromper, comme un enfant avant une interrogation écrite. Je descends l'escalier.

Première intervention. Raté, trop inquiet, la présence du metteur en scène crée une certaine tension. A l'époque de Diderot, le paradoxe du comédien c'était son absence et sa présence. Aujourd'hui le paradoxe du comédien, c'est de travailler peu, le plus souvent dans un rôle qu'il n'aime pas, avec un metteur en scène qui lui parle mal, et qui, la plupart du temps, n'a pas su le diriger, et pourtant faire semblant d'être heureux.

Deuxième intervention. Je ne suis pas le seul à avoir peur, le visage et les mains du rôle principal tremblent. Chacun vit sa part d'angoisse. Un jour, dans la voiture qui nous raccompagnait vers l'hôtel, un vieil acteur m'a avoué, après s'être fait copieusement engueuler par le réalisateur, que cela faisait partie de notre profession. Il a eu cette expression étrange “L'humiliation nécessaire”.

« Jeanne ! Jeanne ! Qui est là ? ! », articulation impeccable, la salle entière rit. Je goûte ces quelques minutes de bonheur. Remontée et descente d'escalier, puis « Ça lui passera » lancé dans le bon tempo, c'est fait, c'est fini, quinze minutes à patienter face au miroir devant mon visage satisfait. J'espère que le metteur en scène est content de moi.

Je rejoins mes partenaires, nous nous donnons la main, ouverture du rideau. Lumière ! Eblouissement. Saluts et applaudissements. Après la représentation, je bois un coup avec un copain du Conservatoire.

- Victor, t'as tes heures pour les Assedic ?

- Oui. On joue cinquante fois minimum.

- Waouh ! Cinquante cachets. Tu vas passer l'hiver au chaud.

- C'est sûr…

- Ben mon salaud. Cinquante cachets, plus un an d'Assedic, tu vas faire des jaloux !

- Et toi ?

- Je donne des cours de théâtre à des ados qui n'ont aucun talent et qui me supplient de leur dire qu'ils en ont.

Comme ils me paient, je leur dis qu'ils sont merveilleux, et tout le monde est content. A part ça, je n'ai pas joué depuis cinq ans.

Et comme on jette un os à un chien affamé, il a lâché.

- Ce rôle… c'est bien pour toi.

J'ai eu envie de lui hurler, « Ce rôle ! Ce n'est pas bien du tout. Je n'ai rien à jouer. J'ai la tête coincée dans un étau que je suis obligé de serrer moi-même, j'ai peur de devenir fou ! ! » Mais non. Je lui ai répondu en souriant qu'effectivement j'étais très heureux, que je savais que le métier était dur en ce moment, et que par rapport aux centaines de copains dans la merde, je mesurais ma chance. Ma bouche ne m'obéit pas. La plupart du temps elle dit l'inverse de ce que je pense.

Avant de nous séparer, il m'a tapé dans le dos :

- Franchement, ce rôle, cinquante cachets, plus un an d'Assedic, c'est… bien pour toi.

Dimanche, matinée, dans la salle, que des têtes blanches. Le directeur nous a prévenus : « Articulez ! Parlez plus fort, projetez la voix, pensez loin ! Surtout n'allez pas trop vite, les vieux ça ne suit pas toujours. » Il a raison, les réactions sont émoussées, certains dorment la bouche ouverte. Au-dessus des fauteuils la mort rôde, la mort plane, c'est impressionnant.

Pourtant c'est un public très attentif, parfois, entre deux répliques, ils applaudissent. Il parait qu'au temps de Mounet-Sully, quand les applaudissements étaient particulièrem nt nourris, le comédien avait le droit de recommencer sa tirade. J'espère que ça ne tombera pas sur moi. Certains s'expriment tout haut. Quand une de mes partenaires a lancé sa réplique « Tout de même, j'ai soixante ans », dans la salle quelqu'un lui a répondu « Vous ne les faites pas », et un autre a ajouté très fort « Bon anniversaire ! ». Le public a éclaté de rire. Sur scène, la comédienne ne savait plus quoi faire. Sans prévenir, le quatrième mur venait de s'écrouler devant elle, dévoilant l'incroyable fragilité des comédiens en jeu.

Au moment de remonter l'escalier, après ma première intervention, le directeur m'a pris par le bras et entraîné à l'écart.

- J'ai une proposition malhonnête à te faire.

- Pardon ?

Il a rigolé.

- Mais non, ne rêve pas, petit saligot. Il faut que tu changes de loge.

- Pourquoi ?

- Il y a un spectacle de magie qui débute la semaine prochaine à 19h, il faut que tu déménages.

- Je vais où ?

- Suis-moi.

Nous montons l'escalier, passons devant les loges des rôles principaux, grimpons dans les combles.

- Voilà, me dit-il en désignant un couloir glacial éclairé par deux néons. Une table, un miroir, une chaise, je te fais installer le haut-parleur des retours pour que tu puisses suivre ce qui se passe sur scène, et ça fera la rue Michel. Qu'est-ce que tu en penses ?

Je suis livide de rage, pourtant je souris.

- D'accord. Impeccable.

- Tu déplaces tes affaires ce soir. Ok ?

- Ce soir, pendant la représentation ?

- Ben oui ! T'as pas grand-chose à faire, veinard.

C'est étonnant comme je peux sourire quand je suis blessé. Là, il me tue. C'est décidé, je vais jouer le reste de la pièce mourant, comme Molière dans le Malade Imaginaire.

Deuxième, troisième intervention : les places, les gestes, les mots, j'ai tout dit et tout fait de travers. Maintenant la voix dans les coulisses, aucune conviction. Pourtant, comme chaque soir, le public éclate de rire. Les spectateurs n'ont rien vu. Je les hais. Je vous hais tous.

Je suis assis dans ma nouvelle loge, face au miroir entouré d'ampoules. Tiens, mon visage fait la gueule, ça change. Dernières répliques. Je descends l'escalier des combles, puis celui des loges, je traverse les coulisses, pas un regard vers Gladys, je rejoins mes partenaires sur le plateau, j'hésite, je repousse leurs mains. Ils me regardent sans rien comprendre. Le rideau se lève. Lumière ! Je ferme les yeux. Pas d'éblouissement. Saluts et applaudissements. Je m'enfuis.

Le lendemain. Je viens de jouer, je ne me rappelle rien. Je sors du théâtre, je marche dans la rue, je pense, « Il y a le temps quotidien, le temps qui file, et il y a le temps de la représentation, le temps qui ralentit, s'écoule grain par grain. Malgré le peu d'importance de tous les personnages que je joue depuis vingt ans, c'est ce temps-là qui m'intéresse, le seul qui vaille la peine d'être vécu. »

Petit à petit je reviens à la vie. Ce soir, la soif, le besoin de jouer, de bondir sur le plateau pour déclamer des tirades entières de Racine me démange, « Que le jour recommence, et que le jour finisse, Sans que jamais Titus puisse voir Bérénice, Sans que de tout le jour je puisse voir Titus… » Dans les coulisses, je m'accroche aux rideaux pour que mon corps ne suive pas mes pensées. Au théâtre, on apprend ça : la pensée dirige le corps. La mienne lutte toujours contre mon corps qui voudrait rester en scène, elle l'agrippe, le tire, le pousse vers les coulisses. Ah, rester en scène une année entière ! Boire, manger, dormir en scène, une année de jeu, de joie et de pleurs. Au lieu de cela : « Le taxi est garé un peu plus loin ». On devrait obliger l'auteur de cette pièce à attendre avec moi dans ma loge, pour qu'il comprenne que ce n'est pas possible de créer un rôle qui a si peu de répliques.

Première intervention. Je m'approche du rôle principal, je prends ses mains dans les miennes, je sens ses doigts s'écarter, desserrer doucement l'étreinte. C'est imperceptible, fugace, mais j'ai remarqué que, chaque soir, c'est exactement le même geste, au millimètre près. Peut-être est-ce cela le désir caché des comédiens, inventer un monde où les évènements se déroulent chaque soir de la même façon. Sur scène les mots sont inoffensifs, les baisers n'engagent à rien, les coups ne font pas mal, comme lorsqu'on rêve.

Le photographe est venu nous apporter des clichés du spectacle. J'ai la confirmation de ce que je soupçonnais depuis le début, les rôles principaux sont tous de face, et moi toujours de profil. On ne voit jamais mon visage. Deuxième, troisième, quatrième intervention. Je descends l'escalier des combles, puis celui des loges, je rejoins mes partenaires, j'hésite à leur donner mes mains. Juste avant l'ouverture du rideau, je cède. Lumière ! Eblouissement. Saluts et applaudissements.

Ce soir je vais tenter quelque chose, attendre un quart de seconde avant de parler. Prendre le temps de ressentir la situation, ce qui se joue entre moi et les autres personnages, voilà la solution. Dans le miroir, je vois un acteur qui s'apprête à travailler, ça fait du bien.

Première intervention, c'est un homme qui vient chercher une femme avec qui il n'a pas encore consommé l'amour, elle lui présente sa fille. Rien à exprimer d'autre que sa surprise : être là, coincé entre la mère et la fille, hésiter, puis choisir la fuite en lâchant « Le taxi est garé un peu plus loin. » C'est fait. Cette seconde de réflexion avant ma réplique m'a soulagé, détendu.

Deuxième intervention. A la fin de ma scène, un groupe de spectateurs a applaudi. Incroyable ! Comme quoi le travail paie. Dans les coulisses, Gladys me regarde d'un oeil nouveau, elle meurt d'envie de m'embrasser, c'est certain. Je me sens bien. Troisième intervention, rebelote, applaudissements ! Ce n'est pas possible, je rêve. Quatrième intervention, encore des applaudissements. Fabuleux ! Dernières répliques. Je descends les escaliers, je rejoins mes partenaires, je leur donne volontiers mes mains. Lumière ! Eblouissement. Saluts et tonnerre d'applaudissements ! Je savais que ça arriverait. Je fais un métier merveilleux.

Nous étions en train de nous rhabiller quand le directeur est arrivé, essoufflé, pour nous expliquer les raisons de ce succès inhabituel. Un groupe de mongoliens assistait à la représentation. A présent, ils tiennent absolument à nous rencontrer.

- « Ils vous attendent dans le hall ! », nous dit-il en tirant une langue baveuse et en faisant des grimaces.

Devant moi, un mur de stylos, d'appareils photos, de feuilles de papiers maladroitement tendus à bout de bras, comme au festival de Cannes. « Par ici ! S'il vous plaît. Une petite signature ! Monsieur le Taxi ! ». Malgré leur gêne, je vois bien que les deux rôles principaux sont flattés qu'on leur demande de signer des autographes. Pour moi, c'est l'apothéose de ma carrière. Ils veulent tous me prendre en photo, certains s'y reprennent à trois fois en tirant la langue. « C'est dans la boîte ! » a hurlé un jeune homme affublé d'une tête minuscule.

A force de recevoir des flashes à bout portant j'ai les yeux en compote. L'un d'eux m'a tendu un carnet pour que je le signe, mais impossible de lui prendre des mains. On était tous les deux arc-boutés, chacun de notre côté, quand il m'a murmuré à l'oreille :

- Le carnet, il est à l'envers.

Juste à côté de moi une jeune fille assise sur une chaise en plastique attend sagement son tour. Quand je lui ai fait signe, elle a brusquement approché son visage ravagé par une énorme acné juvénile, j'ai sursauté. C'est idiot, mais je n'ai pas pu m'empêcher de penser à cette phrase stupide qu'un copain me dit chaque fois qu'il croise une femme laide, « Elle a dû prendre feu quand elle était petite, ses parents l'ont éteinte à coups de pelle. »

- C'est pour un ami, il fait partie du club théâtre, il n'a pas pu venir, une grosse dépression.

J'ai pris son stylo, j'ai ôté le bouchon lentement. Je sentais qu'elle suivait chacun de mes gestes avec attention. D'une écriture ample, comme Victor Hugo devait écrire, j'ai tracé « Avec toute ma sympathie pour un collègue déprimé. Bon courage » et j'ai signé « Le Taxi ! » Elle était folle de joie. Elle m'a embrassé sur la bouche.

Lundi, relâche. Cet après-midi, je fais mon dixième Père Noël de la saison. A ce rythme-là, je vais avoir droit aux Assedic pour l'éternité.

Éclairé par une rampe de spots qui m'aveuglent, je suis assis sur un trône entouré d'une montagne de cadeaux. Les enfants attendent sagement devant moi : une file indienne qui zigzague jusqu'au fond de la salle où la rencontre a été organisée. Une petite fille s'avance, le visage grave. Elle a des yeux bleus d'une pureté incroyable. Dans sa main droite, elle tient fermement une feuille de papier sur laquelle elle a préparé une liste de questions. Elle me parle doucement, à la limite de l'imperceptible. C'est une conversation dont elle se souviendra toute sa vie. Moi aussi. Je suis obligé de m'approcher tout près pour entendre ce qu'elle me dit, mon oreille à côté de sa bouche, comme une confession.

- Père Noël, ils sont où tes rennes ?

- Sur le parking.

- Et ton traîneau ?

- Avec les rennes, sur le parking à traîneau.

- Père Noël, tu voyages dans le ciel ?

- Bien sûr.

- Et quand tu veux atterrir, comment ils font les rennes ? Comment ils atterrissent ?

- Avec leurs sabots.

Elle réfléchit, son petit front concentré.

- Ils freinent ?

- Voilà.

- Ils doivent avoir mal à leurs sabots.

- C'est vrai. Les rennes ont souvent mal aux sabots.

- Et quand tu es dans le ciel, s'ils font caca, pourquoi on ne le reçoit pas sur la tête ?

- Parce qu'ils se retiennent.

- Ah… ils sont courageux ?

- Oh oui, ma chérie, tu as raison, ils sont courageux les rennes.

Derrière elle, ses petits copains s'impatientent, la bousculent presque. Mais elle ne lâche pas sa feuille de papier sur laquelle j'aperçois sa liste de questions tracées d'une écriture hésitante. Je pense à la phrase de C. Bobin « De n'importe quel endroit du monde, on a une vue imprenable sur le paradis. » De là où je suis, je le vois distinctement : ce sont les yeux de cette petite fille, et de tous les enfants qui attendent patiemment derrière elle.

- Père Noël, tu habites dans le ciel ?

- Bien sûr.

- Où ça ?

A travers les double-vitrages de la fenêtre, je lui montre la voie lactée.

- Quelle étoile ?

- Celle-là, là-bas, à gauche.

- Elle est petite ton étoile !

- C'est ma maison.

- Père Noël, pourquoi tu es gros ?

- Parce que j'aime manger.

- Moi aussi, surtout devant la télé. Mais maman me gronde.

- Il faut bien écouter ta maman.

- Et toi, la mère Noël tu l'écoutes ? Hein, dis, franchement, tu l'écoutes la mère Noël ? Et les lutins ? Tu les aimes les lutins ?

Avec mon costume rouge à capuche, je ne passe pas inaperçu. On vient me serrer la main, les enfants me demandent des autographes, les parents me prennent en photo. Je me sens bien, je suis aimé, bichonné, adulé. Être à mes côtés, c'est accéder à une forme de rêve, comme auprès du pape ou d'un acteur connu.

« Pour la photo, fais attention à ne pas les prendre par la taille. Toujours par les épaules ! » m'a conseillé le manager. « Un parent pourrait t'accuser d'attouchement. Trois ans de prison pour un Père Noël à soixante-quinze euros la journée, ça serait cher payé ! Hein ? » Il a rigolé le manager. Pas moi.

Mardi, j'adore les mardis. Deux jours que nous n'avons pas joué, l'impression d'aborder une pièce inconnue dont je découvre chaque réplique dans le haut-parleur des retours. Les acteurs, nous adorons faire comme si c'était la première fois. C'est même notre principal effort : faire croire que nous sommes surpris, étonnés, que ce que nous jouons nous arrive pour la toute première fois, alors que nous prononçons des mots appris par coeur, rabâchés durant des mois.

Aujourd'hui, je vais essayer de jouer sans rien préméditer, sans répéter ma phrase à l'avance. Je sais que je cherche quelque chose d'impossible pour un petit rôle, le plaisir, la nouveauté, le rythme juste chaque soir, et que chaque soir soit différent.

Première intervention. Raté. À peine entré en scène, coincé entre ces deux femmes, ma gorge se serre, je mets mes mains dans mes poches, je les retire, je soupire, je prends des temps. Rester sobre sur un plateau de théâtre est surhumain, surtout quand on n'a qu'une seule phrase à dire. Je suis comme un alcoolique à qui on propose une goutte de champagne, chaque seconde passée devant le public je la tète, je la déguste avec gourmandise.

Deuxième intervention, c'est fait. « Sois un homme ! » m'a dit le metteur en scène. Non, il ne me l'a pas dit comme cela. « Sois un homme, merde ! », et moi j'ai compris « Sois une merde. » Troisième intervention. Je n'y arrive pas, il y a quelque chose qui cloche. Comme dirait Camille Claudel « Il y a toujours quelque chose d'absent qui me tourmente. » Je suis convaincu d'être un peu moins qu'un homme. Avec mes camarades de promotion, abonnés comme moi aux rôles insignifiants, nous n'en parlons jamais, mais au fond nous sommes d'accord. Les yeux dans les yeux, on ne se ment pas, convaincus de l'état de puérilité dans lequel nous sommes.

Récapitulons. À quoi pense mon personnage quand il dit « Le taxi est garé un peu plus loin » ? À rien, il s'en fiche complètement. Moi pas, avec cette phrase, je paie mon loyer, le crédit de la voiture, les vêtements des enfants, les repas, les fournitures scolaires. Pour jouer cette phrase il m'a fallu des années d'improvisation, d'introspection, d'exercices d'articulation et d'assouplissement. Alors, lancer par-dessus la jambe « Le taxi est garé un peu plus loin. » Sûrement pas ! Cette phrase c'est toute ma vie, ma survie.

Sur scène, je mets toujours le paquet, ce que je dis doit être une déclaration de première importance. Le personnage s'en fout. L'acteur jamais ! Parfois, je m'écoute, et je me dis qu'aucun homme sur terre n'a encore déclaré « Le taxi est garé un peu plus loin » avec autant de mystère, de sous-entendus et d'arrière-pensées. Pour l'instant, je n'ai jamais réussi à le dire simplement. Ce soir, encore une fois, je n'ose pas regarder le public. Mon corps n'est pas droit. J'ai la désagréable impression d'être courbé vers les rôles principaux, mes deux soleils auxquels je dois la vie. Dernières répliques. Je rejoins mes partenaires, nous nous donnons la main. Ouverture du rideau. Lumière ! Eblouissement. Saluts et applaudissements.

Après la représentation, je bois un verre au bar avec une copine, un peu plus de 50 ans, jolie comme un coeur. Elle aussi ne joue que des petits rôles, plus quelques journées de formation à la prise de parole en public, ou à la gestion du stress, pour arrondir les fins de mois. Pourtant, elle en est certaine, ce n'est pas fini, elle a encore des choses à se prouver, et elle peut beaucoup apporter au métier. « Tu comprends, le jeu ça a à voir avec la sexualité. Si j'arrive à me libérer de mon mari, je suis certaine que mon jeu gagnera en intensité, et je te jure que ça va carburer ! » Et elle a ajouté en me fixant droit dans les yeux « Jouer, c'est jouir. » Je l'aime bien cette copine. J'adorerais jouer avec elle.

Dans le métro, je me souviens ; il y a quatre ans, le summum de ma carrière, au théâtre de la Colline. Chaque soir, quand elle était dos au public, la femme du directeur me tirait la langue, louchait, rotait. Je n'arrivais pas à lui dire d'arrêter, elle était la femme du directeur. Pendant trente représentations, j'ai joué ma seule réplique face à une femme, dos au public, qui faisait rire tous les autres copains sur scène.

Huit heures du matin, le téléphone sonne.

- Tu t'es laissé pousser les pattes ?

- Pardon ?

C'est mon metteur en scène. Il ne se présente même pas.

- Je suis venu hier soir Victor. Tu t'es laissé pousser les pattes, on dirait un gigolo, un danseur espagnol ! La pièce se passe en France, pas dans un camp de manouches. Dès ce soir, tu me coupes ça !

Je suis estomaqué, sans défense.

- Bon, il faut qu'on parle. Tu te laisses aller, t'es à coté en permanence. « Le taxi est garé un peu plus loin », t'as la voix dans les chaussettes. On n'est pas à un récital d'Ivan Rebroff. T'es triste et tu fais chier. Et puis arrête de regarder dans le décolleté de ta partenaire. On a compris que le personnage veut la sauter, mais pas à ce point-là, surtout qu'elle n'est pas de la première fraîcheur la vieille, tu ne vas pas lui rouler un patin quand même !

Je voudrais lui répondre quelque chose, mais je n'y arrive pas.

- Dans ta deuxième phrase, tu veux absolument aider la petite fille. Alors regarde-la merde ! Ne reste pas face public comme un gland, tu te prends pour Johnny ou quoi ? En revanche quand tu dis « Jeanne, Jeanne, qui est là », c'est bien. Dès que t'es en coulisses, c'est bien. Tu devrais tout dire des coulisses. Non, je rigole. Pour ton dernier passage, tu parles sans réfléchir, y a pas d'âme dans « Ça lui passera. » C'est vide, j'te jure ! Arrête de foutre ma mise en scène en l'air et on sera copain. Allez, mets la patate, je reviens bientôt. Tu verras. Mais je ne sais pas quand. Surprise.

Ce soir, j'ai joué comme une marionnette. L'impression que le metteur en scène, assis sur le toit du théâtre, dirigeait du bout des doigts chacun de mes gestes, de mes déplacements. À la fin de la représentation j'avais mal partout.

Assis dans le métro, je repense au spectacle. Le rôle principal a changé un regard, des attitudes, modifié sa voix. Elle aussi a dû se faire engueuler par le patron au téléphone. Le metteur en scène a ajouté que le spectacle avait dévié, que le public nous avait entraînés vers le rire, « Rappelez-vous les enfants, le public, c'est un monstre qui vous caresse dans le sens du poil, et une fois qu'il vous attrape il vous dévore tout cru. »

Fin décembre : le mois des Pères Noël s'achève. Record battu, quinzième Père Noël. J'en profite. Un peu trop même. Dans le magasin, il y a un buffet, des montagnes de pâtisseries, croissants, pains au chocolat, cocas, jus de fruit à volonté… Je ne sais pas ce qui m'a pris, j'ai demandé à un enfant d'aller me chercher un gâteau. En chemin il a dû dire à ses copains « Le père Noël a faim, une faim de loup ! Et il a soif aussi », car ils m'ont tous rapporté des boissons et des gâteaux. J'en ai mangé un, deux, trois, le reste j'en ai bourré mes poches.

En remontant la file des enfants qui serpentait à travers la foule compacte des parents, le manager m'a surpris en train de descendre une canette de coca, d'engloutir un éclair au chocolat, et les poches pleines de bonbons et de macarons. J'ai eu beau dire que je n'y étais pour rien, que c'était les mômes qui avaient décidé de me gâter (quoi de plus normal, Noël, c'est ma fête !), il ne m'a pas cru. Une fois dans les loges, il m'a hurlé que c'était la dernière fois que je faisais le Père Noël, et que l'année prochaine, il ne me reprendrait pas.

Au théâtre, penaud, j'enchaîne mes quatre interventions jusqu'aux applaudissements. Mon beau-frère est dans la salle. Après la représentation, assis devant une bière, il me confie que la pièce n'est intéressante que lorsque je suis là. Il est gentil mon beau-frère, ou bien il se fout de moi. Je l'écoute quand même. Pour une fois que quelqu'un parle de ma prestation en bien.

- Quand tu entres en scène on dirait un fantôme. Une espèce d'ectoplasme qui déambule.

- Merci.

- C'est beau. Ce sont les seuls moments poétiques. Comme dans un film de Cocteau.

- Merci, beaucoup.

- Quand tu parles dans les coulisses, c'est super fort, les autres en scène n'existent plus. On se demande ce que tu fais pendant tout ce temps dans les coulisses, hein, qu'est-ce que tu fais ?

J'ai eu envie de lui répondre « Je m'emmerde », mais c'est « Je me concentre » qui est sorti. Il m'a dit qu'il me comprenait, puis après un petit silence, il a ajouté que je savais très bien jouer l'absence. Ma soeur a hoché la tête en signe d'acquiescement. Je les ai encore remerciés.

Dans la rue, je marche les mains dans les poches. Mes doigts effleurent les macarons du dernier Père Noël de mon existence. Je les enfourne un par un dans ma bouche, délicatement, et les laisse fondre sur ma langue. Pour un peu, je fermerais les yeux.

Ce soir, j'écris dans le métro. La représentation s'est bien passée, j'ai été une merde, je veux dire un homme, petit, mais un homme tout de même. A la troisième intervention, comme d'habitude j'ai fait rire en étant absent. Dans les coulisses Diderot m'a pris dans ses bras, et nous avons beaucoup pleuré, surtout moi. Après le spectacle, en sortant du théâtre, un copain du Conservatoire m'appelle :

- T'as une minute ? On boit un coup…

A peine assis, il plonge :

- Victor, je vais faire une connerie.

- Comment ça ?

- Tu as très bien compris, arrête ! Deux ans que je n'ai pas reçu un coup de fil, j'ai l'impression d'être mort et que tout le monde le sait sauf moi. Alors autant en finir.

- Mais tu es fou, dis pas ça Jérôme.

- Tu as raison, je suis devenu fou…

Sous la table, il m'a montré une arme qu'il venait de sortir de sa poche. Je suis pétrifié. Pourtant, j'ai l'habitude. Dans les téléfilms les acteurs n'arrêtent pas de sortir des flingues toutes les trois secondes. Mais là, dans un bistrot à Paris, sans caméra, et sans metteur en scène, ça fait bizarre ! Subitement j'ai compris ce qui sépare la réalité de la fiction.

- … et j'en peux plus d'être fou.

- Jérôme, tu es jeune, tu as du temps devant toi.

- Des conneries tout ça, j'ai 46 ans ! Le temps passe et va passer de plus en plus vite. Toi et moi, on ne jouera plus que des panouilles jusqu'à la fin. Quand je pense à ton Ruy Blas au Conservatoire ! Le nouveau Gérard Philipe qu'on disait, tu te souviens ? Il est où Gérard Philipe aujourd'hui, dis le moi ? Hein, il est où ? !

Il ne devait pas s'en rendre compte, mais sous la table, le canon de son pistolet n'arrêtait pas de passer devant moi.

- Jérôme, fais pas le con ! Tu as raison, Gérard Philipe est mort, y a plus de nouveau Gérard Philipe. Arrête !

L'air hagard, il m'a regardé fixement.

- Ha, tu vois, c'est de la merde ! Tu le sais, quand même, que ton rôle c'est de la merde ? !

- Oui, oui, je suis d'accord… c'est de la merde.

- Alors, tu vois ! T'as envie d'en finir toi aussi ? !

- Oui… enfin NON ! !

D'un seul coup j'ai compris qu'il avait envie de nous "suicider" tous les deux. Comme dans un film, je l'ai entendu armer le chien de son revolver sous la table. Pour la première fois de ma vie, je vous jure que je ne bougeais pas d'un millimètre. Une respiration, le coup partait. Lui, ou moi. Une chance sur deux, c'est maigre.

- Dis quelque chose qui puisse me faire changer d'avis ! Allez Victor, vas-y, dis-moi que j'ai tort !

- Ok, Jérôme, ok, t'as raison. Ce petit rôle c'est une sombre merde, on est d'accord. Mais n'oublie pas que Noiret a fait l'essentiel de sa carrière à partir de 45 ans.

Aucun de nous ne bouge.

- Quand t'enchaîneras comme lui cinéma et théâtre, tu penseras que c'est le plus beau métier du monde. Tu te souviens de ce qu'a dit Jouvet « Nous sommes les porte-paroles des poètes. »

Doucement, j'ai glissé ma main sous la table, attrapé le canon de son pistolet.

- Jérôme, cette dépression que tu fais, c'est la preuve de ta profondeur. Ecoute-moi, ce soir tu es le plus bel acteur que j'ai jamais vu.

J'ai senti ses doigts se ramollir autour de son arme.

- Sacré Jérôme. C'est au bout du rouleau que les comédiens sont le plus intéressants. Voilà, tu y es. Veinard, tu ressembles à Emilie Watson dans « Breaking The Waves ». Souviens-t'en quand tu passeras une audition.

Le visage inondé de larmes, il m'a regardé.

- Toi, t'as touché le fond de la piscine ! Tu vas remonter comme un bouchon de champagne vers le succès.

- Tu crois ?

- Bien sûr ! Seulement, tu as peur de la réussite, voilà ton problème.

Je crois qu'il n'avait jamais entendu pareille connerie.

Une phrase que mon agent m'a sortie un jour de grande déprime « Victor, la réussite vous fait peur ! » Je sais, c'est du costaud, mais parfois les gens y croient. En tous cas, moi à l'époque j'y ai cru, ça m'a fait du bien : j'ai eu l'impression de comprendre pourquoi je ne bossais pas.

Abasourdi Jérôme a sorti son arme de dessous la table, observé le canon lui promettre une paix instantanée, puis il m'a souri.

- Tu as raison, merci Victor.

Il a rangé son pistolet dans sa poche, et nous avons passé le reste de la soirée, comme deux vieux potes, à faire des projets de théâtre, de cinéma et, surtout, à dire du mal des autres, comme tous les comédiens.

Vers une heure du matin, j'ai attrapé le dernier métro. A un moment, j'ai bien pensé avouer à mon copain que ce n'est pas à quarante-six ans qu'il allait commencer sa carrière, et qu'il avait raison de vouloir se flinguer, mais son arme était pointée sur moi. Une arme, ça change tout, ça aide à mentir. Il faudrait peut-être que j'aille aux castings avec une arme dans ma poche, j'aurais plus confiance en moi.

Ce soir, je vais essayer de jouer un homme qui a trois fois une minute en scène pour vivre, au moins j'aurais joué quelque chose. Est-ce que j'ai raté ma carrière, est-ce que je suis un raté ? Je m'en fous. En tous cas, comme m'a dit un copain en pliant soigneusement son costume de Pinocchio dans un sac en plastique avant de signer la feuille de présence que le manager du grand magasin lui tendait « On a dû rater une marche. »

Attention, ma voix dans les coulisses, cent personnes s'esclaffent en même temps : drôle de planète. À force de me préparer, j'ai toujours le sentiment avant d'entrer en scène que c'est trop tôt ou trop tard. Une minute avant le grand saut, la phrase bien installée sur le bout de la langue, je piaffe d'impatience, certain d'avoir enfin trouvé la flamme, l'énergie, le ton juste. Trente secondes, subitement le doute s'insinue dans mon esprit, qu'est-ce que je fais là, je ne suis pas à ma place, c'est évident. Vingt secondes, ma poitrine se comprime, j'ai du mal à respirer, certains mots s'effacent de ma mémoire, mon corps devient tout mou. Dix secondes, je suis analphabète, je tremble, j'ai envie de vomir. Deux secondes, un gouffre s'ouvre en moi. Dans les coulisses je m'accroche aux rideaux. Zéro seconde, j'ai froid, je suis transparent. Bouleversé, ému, ravagé par cette descente aux enfers, je crie à l'intérieur « Non, je n'irai pas ! » J'entre en scène.

Aujourd'hui je tourne un film, enfin presque, un téléfilm. J'ai un jour de tournage, et une phrase, « Je ne pouvais pas savoir qu'il me reparlerait de cette histoire de pot-de-vin ». Je l'ai reçu hier soir par mail ; la phrase… pas le scénario.

Mais je suis content, c'est toujours mieux que « Le taxi est garé un peu plus loin. » Dans l'échelle des petits rôles, c'est même une promotion, c'est ce que j'ai dit à un copain « Enfin un rôle consistant ! ». Huit heures du matin, j'arrive sur le lieu du tournage, un magnifique appartement.

- Bonjour ! Je suis le voisin.

Une assistante me prend par le bras.

- Désolé, madame Roux n'est pas là. Veuillez dégager le champ de la caméra.

- Mais je suis…

- Je vous dis qu'elle n'est pas là !

- Mais, je suis le voisin…

- J'ai bien compris. Nous avons prévenu la copropriété, à 20h vous serez tranquille, laissez-nous travailler.

- Putain, tu commences à me faire chier toi ! J'te dis que

je suis le comédien qui joue le rôle “Le voisin” !

L’assistante a changé de tête, elle ne m’a plus parlé de la journée. Au fond de l’appartement, un endroit violemment éclairé, le plateau de tournage, le graal, le saint des saints, l’autel où la vie palpite, la vraie vie. J’approche à pas feutrés. En chemin, je croise un technicien chargé comme un baudet de rouleaux de câbles.

- Bonjour. Dites-moi, vous savez quand passera l’épisode que nous tournons ?

- Je ne sais pas.

- D’accord, mais plutôt fin d’année ou début janvier ?

- J’en sais rien, j’m’en bats les couilles. Dégage, je bosse.

Une chaise. Jouvet l’a dit, faire du cinéma, c’est trouver une chaise. J’ai de la chance, à peine arrivé j’en ai vu une. Je m’assois : elle est bien cette chaise. Une heure passe, les plans se succèdent. Je regarde, j’écoute ; la bêtise des dialogues est confondante. Mais bon, dans l’écran de contrôle, c’est une scène banale d’un téléfilm ordinaire qui défile devant mes yeux. Une autre heure passe. Très concentré, un acteur s’adresse au metteur en scène :

- Jean-Jacques, tu préfères que je le flingue comme ça, ou plutôt comme ça ?

Le réalisateur plisse les yeux, se mordille la lèvre inférieure, puis, après un long moment de réflexion, il tranche :

- Comme ça. Ouais, c’est ça, flingue-le plutôt comme ça, c’est bien. Bon, allez, mets la patate.

Puis il s’éloigne en gueulant au reste de l’équipe :

- On n’est pas des tarlouzes ! Moteur !

Un troisième assistant s’assoit à côté de moi. J’apprends que le rôle principal féminin est joué par une ancienne présentatrice météo de chez Canal +. De temps en temps, je la vois donner des conseils de jeu à une vieille comédienne qui a travaillé avec Jean Vilar dans les années soixante. Je sens bien que la vieille comédienne vit un cauchemar, mais elle n'ose rien dire, si Miss Météo l'apprécie, elle pourra peutêtre revenir se faire un ou deux cachets supplémentaires sur un autre épisode. De mon côté, je suis les conseils de Jouvet.

Accroché à ma chaise comme une moule à son rocher, j'attends, je regarde, j'écoute, je m'ennuie... je commence à avoir faim. Une comédienne qui a un rôle récurrent, une star pour nous autres qui cachetonnons un ou deux jours sur ce téléfilm, vient s'assoir à côté de moi.

- Vingt ans que je fais ce métier, et c'est seulement maintenant que j'en vis. Je sais qu'on fait de la merde, mais je m'en fous, je ne vais pas cracher dans la soupe. Si ce n'estpas moi, ce sera une autre, y en a mille qui voudrait être à ma place. Je te jure que je ne boude pas mon plaisir.

J'ai failli lui répondre « T'as raison, aujourd'hui faut surtout pas cracher dans la merde. » Midi, on n'a toujours pas tourné ma scène. L'assistante m'annonce solennellement qu'ils ont pris un peu de retard, que la deuxième équipe est en train d'installer le travelling de cet après-midi, et que ça serait bien si j'allais déjeuner.

La cantine se trouve sous une tente. Je m'installe. Une comédienne très belle est assise face au réalisateur. Sa peau a la finesse de la porcelaine, ses lèvres la délicatesse d'un coquelicot. Mais je la sens nerveuse, elle parle, parle... je crois qu'elle essaie d'attirer l'attention du réalisateur, elle aussi voudrait revenir, se faire un cachet supplémentaire dans le prochain épisode. Sous son maquillage, une pointe d'angoisse apparait. Comme une fleur se fane, sa beauté s'étiole, dépérit, finit même par disparaitre. En face, le réalisateur l'écoute, opine du chef, un petit sourire au coin de sa bouche pleine de sauce, il devient presque beau. C'est étonnant. Le pouvoir, sans doute...

Le tournage reprend. Dans un coin, ma chaise m'attend. Les heures passent, je somnole, de temps en temps je grignote une friandise, un gâteau, je bois un jus de fruit, un café. Je commence à avoir mal au ventre. Je regarde ma montre : six heures que je suis assis, six heures à bouffer sur une chaise ! Jouvet a dû se tromper, le cinéma est un supplice. Je fume aussi, alors que je ne fume jamais, et je n'ai toujours pas tourné ma scène.

Entre l'envie de dormir et celle de vomir je me répète ma phrase à voix basse, j'essaie toutes les intonations possibles. « Je ne pouvais PAS SAVOIR qu'il me reparlerait de cette histoire de POT-DE-VIN ! », c'est bien. « JE NE POUVAIS pas savoir qu'il me REPARLERAIT DE CETTE HISTOIRE de pot-de-vin ! », c'est très bien. Aujourd'hui je suis en pleine forme, je me sens vraiment à l'aise. Allez, une dernière fois, je crie dans ma tête, « JE NE POUVAIS PAS SAVOIR QU'Il ME REPARLERAIT DE CETTE HISTOIRE DE POT-DE-VIN ! » Impeccable, je vais leur jouer un truc qu'ils n'ont jamais vu. 19 h ! Qu'est-ce qu'ils foutent, je les ai prévenus, dans une heure il faut que je sois au théâtre. Soudain la porte s'ouvre, le deuxième assistant déboule dans la loge, m'attrape par le bras, et gueule dans son talkie-walkie qu'il tient calé entre son oreille et son épaule.

- Il est là, il est là, je le tiens !

À cinq centimètres du mien, il me postillonne au visage.

- T'étais où ? Tu fais chier, on t'attend, il nous reste 5 mn de tournage. On est en dépassement, les techniciens n'en peuvent plus !

La maquilleuse me poudre, le coiffeur plaque trois mèches rebelles, la chef costumière enlève les miettes du cinquième sandwich que j'engloutis en catastrophe.

- Quel con ! Mais quel con ! ! Vite !

Comme un condamné à mort dont on redoute qu'il s'échappe juste avant de passer sur la chaise électrique, j'arrive sur le plateau solidement encadré. Les techniciens sont silencieux. Faussement enjoué, le réalisateur fait une rapide mise en place. Dans ma poitrine mon coeur se serre « Je ne pouvais pas savoir qu'il me reparlerait... », de quoi veulent-ils me parler ? Je ne sais plus de quoi ils veulent me parler. De vin... d'alcool, de whisky, whisky-coca « Je ne pouvais pas savoir qu'il me reparlerait de cette histoire de whisky-coca. » Ça ne veut rien dire ! Ce n'est pas possible, ça recommence. Au secours, encore un trou. Brusquement, l'ingénieur du son glisse ses mains sous ma chemise, je sursaute.

- Qu'est-ce que j'ai fait ?

Tremblant de rage, il m'arrache le micro.

- T'as rien fait, et t'es pas près de faire quoi que ce soit, abruti !

Il se tourne vers le producteur.

- Ras le bol des dépassements d'horaires ! On rentre à la baraque. Viens là toi !

Suivi de son stagiaire, il claque la porte. Stupéfaction du reste de l'équipe et de moi-même. Le réalisateur beugle :

- Ça tourne quand même.

- Mais, ma phrase, « Je ne pouvais pas savoir... »

- Ho, toi ta gueule ! On s'en fout, tu me la joues muet, sans le son. Attention, on n'est pas des tarlouzes... Moteur !

Instantanément le reste de l'équipe se met en place. L'assistant me pousse dans le champ de la caméra. A peine ai-je mis un pied sur le plateau, qu'une comédienne que je ne connais pas vient se coller à moi et m'enlace. Le réalisateur me hurle :

- Action ! ! Vas-y, ouvre la porte, appelle l'ascenseur, ouais, c'est ça, souris. Me regarde pas, ducon ! Prends-la par la taille, maintenant embrasse-la. Avec la langue, merde, c'est ta femme ! Encore un peu... allez, allez. Impeccable, cut, fin de journée ! Tout le monde à la niche.

Les projecteurs s'éteignent, la caméra disparaît, la femme que je viens d'embrasser sort de mes bras et s'enfuit, l'équipe de tournage se volatilise. Une serviette de démaquillage à la main, je me retrouve seul dans le hall de l'immeuble. Du bout de son balai, la gardienne me demande gentiment de sortir, elle a du ménage à faire. Je regarde ma montre, 19h 10, j'ai un peu de temps avant la représentation.

Le lendemain matin, dans ma salle à manger, je fais des étirements, quelques mouvements de tai-chi, de la respiration profonde, puis café et tartines beurrées avec de la confiture. Dans le transistor, une musique douce me berce ; je ferme les yeux. Dès que je participe à un film ou une pièce, je suis convaincu que l'histoire tourne autour de mon personnage. C'est l'histoire d'un homme qui dit « La mairie ? Deuxième à droite. » C'est l'histoire d'un homme qui prend une rafale de mitraillette et qui tombe raide mort. C'est l'histoire d'un homme parmi cent autres qui attendent sur un quai de métro. Mon CV est une longue liste de personnages dont l'existence est limitée à une réplique ou une action, et qui pourtant me font vivre depuis vingt ans. Le téléphone sonne.

- Allo Victor ! Tu te souviens de moi ?

- Pardon ?

- C'est Aladin.

- Aladin ?

- Ho, ça va, j'suis pas mort, Conservatoire promo 85 ! Dis donc, mon salaud, j'ai vu que t'étais à l'affiche. Un beau rôle ?

- Ouais, normal.

- Combien de ligne ?

- Tu fais chier, c'est quoi cette question ?

- Bon, bon, j'ai compris, une panouille, au moins t'es tranquille pour la saison.

- Pourquoi tu m'appelles ?

- C'est la catastrophe.

- Qu'est ce qui se passe ?

- Je donne des cours de théâtre, figure-toi...

- Et alors, c'est bien, non ?

- En maternelle.

- Quoi ?

- Tu te rends compte, commencer par Hamlet à Nanterre et finir en maternelle grande section! En plus, je crois que la directrice, une fondue de théâtre, m'a reconnu. Je me suis laissé pousser la moustache, depuis elle me laisse tranquille. Mais mon agent est furieux.

- Pourquoi tu m'appelles ?

- Tu vas bien ?

- Pardon ?

- Non, parce que, je voulais te dire que si jamais t'es malade, je peux te remplacer au pied levé. Ta pièce, je l'ai déjà jouée en province. Alors, tu penses à moi, d'accord ?

J'ai raccroché.

Ce soir, mes voisins sont dans la salle. Je ne suis pas très à l'aise. Tous les jours, ils me croisent chez le boulanger, à la bibliothèque, ou dans la rue. La semaine dernière ils m'ont vu à la piscine, ce matin au supermarché. Ils savent que j'ai une vieille Clio rouge, un téléphone portable noir et un slip de bain jaune… alors, mon personnage d'avant-guerre je ne vois pas comment ils pourraient y croire. Du début à la fin je me suis senti démasqué, mais j'ai continué à jouer.

Dernières répliques, je rejoins mes partenaires, nous nous donnons la main. Ouverture du rideau. Lumière ! J'ai baissé les yeux pour ne pas croiser leurs regards. Saluts et applaudissements. Par la sortie de secours j'ai filé, des fois qu'ils m'auraient attendu.

Dix-neuf heures, j'arrive au théâtre, j'entre par la porte de la sortie de secours que j'ai laissée entrebâillée la veille.

Je ne croise personne. Je m'enferme dans ma loge, mon couloir glacial, j'attends l'instant précis de mon entrée en scène. Je ne m'échauffe pas, je ne répète pas mon texte, je mets mon costume, je descends l'escalier, j'entre en scène, je joue, les mots viennent sans effort, mon corps obéit. Je ne suis pas mauvais, je ne suis pas bon non plus. Entre mes interventions, j'écoute la pièce dans les hauts parleurs, puis je descends les escaliers et je viens jouer d'un pas tranquille. Dernières répliques, je rejoins mes partenaires, je ne leur donne pas la main. Ouverture du rideau. Lumière ! Ce soir, pas de sourires pendant les saluts et applaudissements. Je remonte dans ma loge, je me rhabille. Je sors du théâtre, je suis heureux, soulagé d'avoir bravé le diable qui, on le sait, invite toujours au combat.

Sur le trottoir, un copain metteur en scène me fait signe, s'approche et me dit, très grave :

- Victor, pour grandir un artiste doit passer de l'art de la vie à l'art de la mort.

- Merci, mais là, il faut que j'y aille. Salut.

Le directeur nous a parlé d'une "possible tournée" l'an prochain. Châteaudun, Niort, Cholet, Albi, Forbach. Six cents kilomètres aller-retour pour aller déclamer « Le taxi est garé un peu plus loin. » J'aimerais bien que quelqu'un d'autre le fasse à ma place. Je lui expliquerais la mise en scène au téléphone, je lui donnerais une partie de mon cachet. Je pourrais jouer plusieurs personnages à Paris, puis former à distance des comédiens, une troupe d'acteurs locaux spécialisés dans les rôles ultra courts. Je prendrais un pourcentage. J'aurais un bureau, un fauteuil, un ordinateur ; je serais quelqu'un.

J'aime le sport, tous les sports, la varappe, la course à pieds, le football. J'adorerais avoir des rôles où je pourrais pratiquer ces activités dans lesquelles j'excelle. J'ai demandé à mon agent de le mettre dans mon CV « Très bon en foot, surtout dans les buts. Court le marathon sans s'arrêter en quatre heures. Niveau de varappe professionnel, 6a+ en tête. » Je voulais même rajouter « Cuisine comme un chef, surtout le salé », mais il m'a regardé d'une drôle de façon.

- Ce sont les ringards qui écrivent ça, voyons…

- Mais, Georges, c'est ma vie.

- Victor, le métier n'en a rien à foutre de votre vie !

Dans le haut-parleur, une réplique, toujours la même, me fait tressaillir. Ça va être à moi et je ne suis pas habillé. Rater une entrée, quel cauchemar. Première intervention, je prends le menton de ma partenaire, je redresse doucement son visage. Ce soir, pour la première fois, je la vois de très près, ses yeux pétillants, ses taches de rousseur, son sourire d'ange, une veine bat doucement à la surface de sa tempe gauche. Je pense à la phrase de P. Valéry « Ce qu'il y a de plus profond chez l'homme, c'est sa peau. » Si je la tenais ainsi en dehors de la scène, elle réagirait : « Non, mais ça va pas ! Tu te crois où ? » Au théâtre un petit rôle peut embrasser goulûment le rôle principal. « C'est écrit dans les didascalies "Il l'embrasse goulûment". Ce n'est pas moi, c'est le personnage. J'y prends aucun plaisir, je fais mon boulot, c'est tout. »

Hier, le metteur en scène m'a demandé de "soutenir".

- Articule, merde !

Je l'ai regardé droit dans les yeux, et lentement j'ai pensé très fort, "M.E.R.D.E. " Vue la tête qu'il a faite, il m'a entendu.

- C'est trop lent, on ne t'entend pas, je veux du rapide et de l'articulé ! D'accord ?

- D'accord.

Comme la plupart de mes collègues, je travaille pour satisfaire mon metteur en scène, je me tais, et je dis oui à toutes ses propositions. Je ne me force pas, cela va de soi, aujourd'hui ce sont les metteurs en scène qui ont le pouvoir. Alors, je suis devenu un bon petit soldat. Ce qui ne m'empêche pas d'avoir l'air d'être libre et heureux : mentir, c'est mon métier.

Bien sûr, comme J-L Trintignant, j'aimerais pouvoir dire, « Je n'ai pas le culte des metteurs en scène. On en a sans doute besoin, moi je n'en attends pas grand-chose. » Mais lui, il est connu, il peut se le permettre, les scénarios s'empilent sur son bureau. Moi, j'attends du metteur en scène qu'il m'engage et qu'il me paie : c'est énorme. Et puis, aucun scénario ne s'entasse sur mon bureau. Il est vide. Table rase.

Parfois, en scène, je pense à autre chose, je m'évade. Ce soir, j'étais à côté de mon père. Je regarde ses mains, ses belles mains avec son alliance en or. Je l'écoute parler, j'aime sa voix grave et chaude ; petit, elle me rassurait. Je vois distinctement chaque détail de son visage, ses yeux, sa bouche, ses oreilles, ses cheveux. Sous la pluie, je me précipite vers le caniveau en face de notre maison. Avec mes bottes jaunes en caoutchouc je fais un barrage, un petit lac se forme, des feuilles, des brindilles se rejoignent, s'entassent en un petit matelas mou que je tapote du bout des doigts. Mon frère me frôle sur son vélo rouge… je suis revenu juste à temps au théâtre pour dire « Le taxi est garé un peu plus loin. » Saluts et applaudissements.

Ce soir, il y avait cinq spectateurs. Deux de moins, nous n'aurions pas joué. Au théâtre, il faut toujours qu'il y ait au moins un spectateur de plus dans la salle que d'acteur sur scène, sinon on annule. Je ne sais pas pourquoi : peut-être en cas de bagarre, pour que le public ait toujours le dessus. Les pauvres, ils n'ont pas osé rire. Cette salle vide, et cinq têtes silencieuses, c'était étrange, pourtant il a fallu aller jusqu'au bout. Au bar, je retrouve un copain pianiste complètement déprimé :

- Les acteurs, vous avez de la chance par rapport au musicien.

- Ah bon, tu trouves ?

- Nous, on a les Chinois.

- Les Chinois ?

- Maintenant y a plus que des Chinois. Des mômes de quinze ans qui viennent nous piquer nos boulots. Y sont plus forts que nous, ils acceptent des salaires de misère et en tournée ils dorment dans le car. Imagine que t'arrive demain à un casting, il n'y a que des acteurs Chinois, et en plus les mecs disent « Le taxi est garé un peu plus loin » mieux que toi, et surtout moins cher. Imagine, tous les acteurs de Chine qui débarquent à Paris pour dire « Le taxi est garé un peu plus loin ». Je te jure que tu ferais moins le malin.

Aujourd'hui, il y a un casting dans la salle. “Casting”, promesse de tournage, de grands rôles, d'argent, de succès, mon nom en haut de l'affiche. “Casting”, ce mot suffit à faire frémir n'importe quel comédien. “Casting”, boule dans la gorge, noeud à l'estomac. Première scène. Au milieu du public, comme un fauve à l'affût de sa proie, c'est certain le “Casting” épie le moindre de mes gestes. Résultat, j'annone ma phrase lamentablement et je m'enfuis au bras du rôle principal qui ne comprend pas cette soudaine urgence. Deuxième scène. Passage silencieux au fond du plateau, ce soir j'ai l'impression d'être sur un fil perché audessus des chutes du Niagara, je vais tomber ! Troisième scène. La voix dans les coulisses. En attendant derrière le pendrillon, une idée me vient : le “Casting” va me reconnaître, et il se dira « C'est bien ce que je pensais, Victor n'est jamais aussi bien que lorsqu'on ne le voit pas ». Alors, j'ai maquillé ma voix avec un accent marseillais pour qu'il pense « Quel tempérament ! Victor a refusé de faire la voix dans les coulisses, il a obligé le directeur à engager un autre acteur. »

- « Janeu, Janeu...quié là ? »

Bien sûr le public a éclaté de rire. En sortant de scène, le rôle principal, livide, m'a engueulé.

- T'es con où quoi ? Comment on fait nous...

Quatrième intervention. J'ai balancé « Ça lui passera » n'importe comment, les spectateurs ont encore ri, je n'y comprends rien, plus je m'en fous, mieux c'est. Attente angoissée dans ma loge. Dernières répliques, je rejoins mes partenaires sur scène, dans le noir je cherche fébrilement leur main. Le rideau s'ouvre. Les yeux éblouis par les projecteurs, je scrute les spectateurs un par un à la recherche du “Casting”. Je me précipite dans le hall. Personne, il est parti, il n'a pas aimé.

Lorsque j'ai rendez-vous avec un casting, c'est toujours un moment exceptionnel. Quelques heures avant je récapitule les événements de mon parcours professionnel, j'en maquille certains, j'en fais disparaître beaucoup d'autres.

J'établis minutieusement par ordre d'importance la liste des rôles que j'ai joués depuis ma sortie du Conservatoire. Je ne mentionne pas les boulots que je fais entre deux contrats : jeux de rôles en entreprises, doublages, voix-off, Pères Noël et quand les temps sont durs, jardinier, travaux de bâtiment, veilleur de nuit. Je soigne ma mise, je me savonne, je me parfume, j'enfile des sous-vêtements neufs, je me prépare comme si il allait me demander de me mettre à poil ou de coucher avec lui. Bien sûr, je ne pourrai pas refuser, on ne peut rien refuser à un casting. Pourquoi ? Je ne sais pas.

Juste avant d'ouvrir la porte de son bureau, je me concentre. Je vais faire un truc qu'il n'a jamais vu, de la magie pure, me transformer dans le rôle qu'il recherche.

Ma main tourne la poignée, la porte s'ouvre : « Bonjour Victor... », je ne l'écoute pas, je le fixe solidement dans les yeux pour qu'il se souvienne de moi jusqu'à la fin de ses jours. « Alors voilà, ce film raconte l'histoire d'un jeune... », subitement, je deviens enjoué, mutin, mon humeur renoue avec l'insouciance de l'enfance, mes gestes retrouvent la maladresse de l'adolescence. « ...Un jeune bûcheron... », ma voix devient rauque, je parle comme si je sortais d'une longue battue au sanglier, mes muscles se bandent. « ...Mais Internet n'a aucun secret pour lui... », comme par magie des lunettes sortent de ma poche, je suis un professionnel de la souris, je surfe sur Facebook, Twitter, et mon blog est consultable jour et nuit. « ...Il fait plus vieux que son âge... », mon métabolisme ralentit, j'ai mal au dos, je m'entends dire que c'était mieux autrefois, que je regrette les années soixante. « ...Sa femme l'a laissé tomber », une tristesse soudaine me submerge, les larmes affluent, moi aussi je suis en plein divorce, mais excusez-moi, je ne veux pas en parler ici. Voilà, c'est fini.

Je ressors du rendez-vous épuisé, lessivé, j'ai joué tout ce que je pouvais. Chaque mot sorti de ma bouche je l'ai chargé au maximum. Impossible d'être moi-même, j'essaie toujours de correspondre à ce que j'imagine que le casting voudrait que je sois. Les rares fois où j'ai obtenu un rôle, la sensation très nette d'être un usurpateur m'a envahi.

Lendemain matin. Lorsque le téléphone a sonné, et que l'on m'a proposé de faire une figuration pour une publicité ce jour même, j'ai failli refuser, mais de l'intérieur de mon portefeuille la voix puissante de mon banquier m'a ordonné de dire oui. Figuration ! Dans ma tête ce mot résonne comme enfer. Un hangar gelé, des projecteurs, des techniciens, un réalisateur, des assistants, des acteurs, des figurants… et moi.

Un collègue figurant n'arrête pas de demander des conseils à l'assistante du metteur en scène :

- Le manteau, tu veux que je le retire ou que je le mette sous mon bras ? Et l'écharpe, je la laisse comme ça, je la noue ? Ma veste, ouverte ou fermée ? Et là, tu me vois, je suis dans le champ ? De face ou de profil ? Parle-moi Valérie !

Puis il me dit tout bas :

- J'ai le trac. J'ai le trac. Holà ! Ça monte, ça monte…

Il sautille sur place, souffle, s'encourage à mi-voix, fait des génuflexions comme s'il s'apprêtait à descendre un slalom géant.

- Ça va passer, ça va passer.

Assis à une table, je suis censé être un architecte qui dessine. Le réalisateur crie :

- Toi, là, redresse-toi, t'es avachi !

Tous les figurants bombent le torse en même temps.

- Non, pas vous, lui seulement. Moteur ! On tourne. Aaaction ! !

Dix secondes plus tard, il lève le bras.

- Cut ! Ça ne va pas, on est déjà à la bourre, sortez le du plan, j'veux plus le voir. Il est trop avachi.

Tous les figurants me regardent avec pitié. L'assistante me chuchote à l'oreille :

- En fin de compte, tu n'es pas dans la première séquence, va prendre un café.

Trois croissants, deux pains au chocolat plus tard, je croise l'assistante :

- T'inquiète. Ça va venir. Sois patient.

Malgré mes nombreuses incursions sur le plateau, les plans se sont succédés toute la matinée sans moi. A midi, l'assistante me glisse :

- Ça serait bien si tu allais manger ?

Je n'ai pas faim, mais déjeuner gratis par les temps qui courent ne se refuse pas. Je suis seul dans le restaurant. La serveuse s'approche.

- Vous faites partie du tournage ?

- Oui.

- Comédien ? Équipe technique ? Réalisation ? Production...

- Figuration.

- Ah, c'est là-bas : sandwich, boisson, et café à la machine.

« Ça va venir. Sois patient », depuis vingt ans j'entends cette phrase. Je mâche mon sandwich doucement. Faire durer chaque bouchée le plus longtemps possible, cela devient presqu'un jeu. « Être sur un tournage, c'est réussir à meubler le temps qui passe, accepter le vide, avant que le tourbillon du jeu ne vous emporte. » Harvey Keitel. La bouillie de mon sandwich coule délicieusement dans ma gorge. Je ferme les yeux, je meuble. Depuis vingt ans que je meuble le vide, je pourrais ouvrir un magasin. On s'y baladerait tranquillement, en achetant de l'envie, du désir, de l'espoir et du rêve à des prix défiant toute concurrence.

Le restaurant se remplit. Un groupe de figurants qui sortent du plateau de tournage déjeune derrière moi. Ils m'évitent du regard, ils sont tellement fiers d'avoir bossé, eux. Je peux entendre leurs conversations. « Lhermitte ? Personne ne veut de lui, il est en pleine dépression. Clavier, il est devenu con. Depardieu, il va exploser tellement il est gros. Deneuve, une tragédie, elle a même plus ses Assedic. » Je somnole. Plaisir du temps qui passe, je suis un comédien qui travaille, « Bientôt le tourbillon du jeu m'emportera » sacré Harvey tu me sauves la vie ! Le restaurant se vide. Sur la pointe des pieds, l'assistante s'approche ;

- Il est seize heures, je crois qu'on ne va pas avoir besoin de toi, me dit-elle de sa voix douce.

Le réalisateur passe, me jette un regard ;

- Erreur de casting. Désolé.

- Tu seras payé quand même, je m'en occupe, ajoute-elle.

- Merci.

Je sors du studio. Je cours jusqu'au théâtre. Je monte dans ma loge. Dans le miroir, j'aperçois mon visage qui répond à mon regard par un sourire. Pourquoi j'accepte ça, pourquoi je souris ? Première, deuxième, troisième, quatrième interventions, dans les coulisses, assis sur un tabouret, à côté de l'habilleuse, j'attends de rejoindre mes partenaires sur scène pour saluer. Je suis fatigué, toujours cette dangereuse envie de dormir. Je ferme les yeux.

Je me souviens, tournage d'un film, je devais être en slip de bain, une séquence muette d'à peine trente secondes en compagnie d'une vedette. Pendant trois mois je m'étais entraîné comme un forcené pour être musclé comme Schwarzenegger. Le jour de la prise de vue, je marchais avec difficultés, incapable du moindre mouvement tant mes muscles étaient bandés, on a du faire une vingtaine de prises. J'étais ridicule. Je m'étais entrainé pour courir le marathon, alors qu'on me demandait juste de traverser la rue vers le trottoir d'en face.

Une autre fois, dans un film. Un prisonnier se lève, dit trois mots, prend une baffe… le prisonnier c'est moi. Au bout de quatre prises, la joue bien entamée, j'entends le metteur en scène chuchoter à l'oreille de mon partenaire « Vas-y, mets en lui une bonne ». Moteur, action ! J'ai baissé la tête. Une après-midi entière à me faire engueuler parce que je ne pouvais m'empêcher d'éviter la baffe au dernier moment.

Pendant tous ces jours de tournage, de répétitions, à regarder les autres travailler, à faire l'effort d'être transparent comme une méduse dans l'eau, assis, debout, des heures entières, dans le froid, le chaud, j'ai toujours pensé que "quelque chose de beau m'arriverait", quelque chose de meilleur.

Quand je rencontre un metteur en scène, un réalisateur ou un casting, je suis troublé, transi de bonheur, par cette belle promesse : ce travail que nous pourrions faire ensemble. J'essaie de me raisonner, Victor, ce n'est qu'un rendez-vous, calme-toi. Peine perdue, l'espérance fait trembler le présent et m'emporte dans son tourbillon. Décrocher le rôle, je ne pense qu'à cela. Décrocher le rôle, je n'écoute rien. Je suis sourd. Plus rien ne m'intéresse que "décrocher le rôle" !

Une main tapote mon épaule « Victor, dernières répliques. » murmure Gladys de sa voix d'ange. J'ouvre les yeux, son visage est à 20 centimètres du mien. Un jour, c'est juré, je l'embrasserai. Saluts et applaudissements. Je monte péniblement les deux escaliers en direction de ma loge. Je quitte mon costume. Ce soir, les deux rôles principaux sont pressés : un dîner avec un producteur pour un projet la saison prochaine.

- Salut Victor. A demain !

- Oui, oui, à demain. Au revoir. Merci.

J'ai envie de rester dormir dans ma loge, sur la banquette en velours rouge. J'éteins la lumière. Je ne sais pas qui a dit « La vie consiste en une longue préparation pour une chose qui n'arrive jamais », mais ça ressemble furieusement à mon existence. Un copain petit rôle m'a avoué qu'il allait mieux depuis qu'il avait fait le deuil. « Prends de la distance, Victor. Fais le deuil. »

J'essaie de suivre son conseil. Accepter de n'avoir plus jamais rien à jouer de mon existence, dire une phrase, deux phrases, retourner en coulisses ou sortir du champ de la caméra, prendre le métro et rentrer chez moi. Mais je n'y arrive pas. Au moins l'espérance permet de rester petit sans trop souffrir.

Je descends les escaliers. La salle est vide. Je m'assois au milieu des fauteuils de l'orchestre. Il y a une demi-heure, je jouais et deux cents personnes me regardaient. Un plateau de théâtre nu c'est impressionnant. Quelque chose est en suspens, une horloge arrêtée qui se remettra en marche dès qu'un homme fera un pas dans l'espace vide. Je regarde la scène. Demain soir ce corps assis dans ce fauteuil d'orchestre sera dans la lumière, je devrais être heureux.

Je sors du théâtre. Dans l'obscurité, le trottoir mouillé luit comme une barre de Zan qu'on aurait léchée. Je marche sous la pluie. Je me souviens, Philinte dans « Le Misanthrope », au Théâtre National du Luxembourg, le seul grand rôle que j'ai joué depuis ma sortie du Conservatoire. Personne ne m'a vu, enfin aucun casting ou metteur en scène qui compte sur la place de Paris. Je déclamais mon texte partout, tout le temps, à tue-tête dans la rue, sous la douche, tout bas dans le métro, à table ou dans mon lit en plein milieu de la nuit. J'étais heureux, enfin rassuré sur les raisons de ma présence sur terre. Avant d'entrer en scène j'étais tranquille, concentré, le rôle était tellement énorme que ma peur avait de quoi s'occuper.

Un grand rôle, on a la sensation que le monde entier nous écoute, et que le temps de la représentation on a le pouvoir de changer ce monde. En jouant Philinte je me sentais fort, légitime, je me sentais beau, ma vie avait un sens.

Une heure du matin. Je gare ma voiture. Je monte l'escalier. Je rentre dans l'appartement. J'entrouvre doucement la porte de la chambre des enfants. Quel bonheur de les voir dormir profondément. Je me glisse dans le lit à côté de ma femme. La nuit sera longue.

Ce soir, l'habilleuse me regarde d'un drôle d'oeil, résultat je n'arrête pas de gamberger dans les coulisses, jusqu'à ce que je comprenne que j'ai interverti le costume de la première intervention avec celui de la deuxième. Au théâtre, au cinéma, je soupçonne toujours les maquilleuses, les habilleuses, les coiffeuses d'être amoureuses de moi, alors qu'elles ne font que leur travail sur moi. Comme disait Sartre « La vie est faite de situations fausses. »

À force de répéter mon texte en coulisses, j'ai à nouveau bafouillé en scène. Mes partenaires ont fait semblant de comprendre, le public aussi, et la pièce comme un fleuve a continué de couler. Je suis dans ma loge, le haut-parleur joue une petite musique familière, lointaine et rassurante. Derrière la vitre, la nuit est calme, les étoiles font leur boulot, elles scintillent, la lune monte tranquillement, sans àcoup.

Je pose la pointe de mon stylo, je sens les battements de mon coeur, le double tambour qui me fait vivre et me rassure. Sans effort, mes pensées s'ordonnent, des mots, des phrases, des paragraphes apparaissent, tracent un sillon sur les pages blanches de mon carnet. Je largue les amarres, je m'éloigne de ma loge, du théâtre. Tout ce qui m'arrive redevient humain. L'absurdité de la situation, l'absurdité de cette réplique « Le taxi est garé un peu plus loin », se révèle sans que j'en sois affecté : je relève la pointe de mon stylo, vingt minutes se sont évanouies.

Il faudrait que je joue comme j'écris ce journal, que mon apparition sur scène donne un premier sens, puis enchaîner un geste, un regard, une parole, sans anticiper, exactement comme mes mots sur cette feuille se suivent, sans arrière-pensée, sans tension. Le spectateur et moi serions collaborateurs, il ne serait pas mon ennemi, il ne me jugerait pas. Il serait venu lire mon jeu sur scène et se faire sa propre opinion. Peu à peu le récit se construirait dans sa tête, tranquillement, sans angoisse.

La semaine dernière, la veille d'un rendez-vous pour un

rôle que j'imaginais les cheveux longs, je me suis regardé dans la glace et j'ai pensé que ce serait vraiment bien si mes cheveux poussaient pendant la nuit.

Chaque soir se contenter de quelques mots, puis sourire exagérément aux saluts, c'est inhumain. Je devrais être livide de rage, mais non, je suis un homme moderne, je fais semblant d'être heureux. Les copains comédiens qui viennent me voir sont eux aussi des hommes et des femmes modernes, ils me traitent comme un roi. Tout le monde sourit, tout le monde se ment.

Parfois, seul dans la rue, je me parle tout doucement, à mi-voix. Je réponds à des interviews, comme font les invités dans cette émission du dimanche après-midi où le présentateur reçoit des "Personnalités" du monde du spectacle sur un canapé rouge. "Personnalité", la violence de ce mot. Moi, petit rôle, qui ne sera jamais convié sur ce canapé rouge, je suis donc un être sans personnalité, un être sans histoire, sans épaisseur, transparent, et la vie de ces invités recouvrira la mienne et m'inondera de son importance pour le reste de mon existence ?

Depuis vingt ans que je regarde ce programme, avec tous ces artistes aux sourires venus directement du paradis, je ressens de la violence et de la cruauté. C'est ce que je ressens : violence et cruauté. Bien sûr, j'aimerais tellement être à leur place ! Faire le malin, évoquer mon enfance, la chance que j'ai de vivre de ma passion, et, sur ce canapé en forme d'ovale, on dirait presque le sexe d'une femme, deux lèvres rouges, faire comme si, à cet endroit précis, la vie était vraiment meilleure que partout ailleurs en France.

Hier, dans ma voiture, pendant une vingtaine de kilomètres, je n'ai pas bougé la tête d'un millimètre. Il n'y avait que mes yeux qui faisaient des allers-retours entre les rétroviseurs intérieur et extérieur, et de temps en temps un sourire énigmatique se posait sur mes lèvres comme sur celles de l'acteur Ryan Gosling dans le film “Drive”. Voilà, je me donne de l'importance, je m'invente un public, une caméra, un autre qui me regarde, efface le doute, et donne de la légitimité à ma vie. Tout cela occupe beaucoup de temps dans mon esprit affamé de reconnaissance. D'autres fois je m'aperçois que j'ai passé la journée à me répéter « Ce n'est pas grave, c'est juste un mauvais moment. Bientôt ce sera ton tour. »

Première, deuxième, puis troisième intervention, je ne vois plus le temps passer. J'entre en scène, je joue, dans quelques minutes je saluerai, puis les amis me féliciteront, je suis présent et pourtant complètement absent. Diderot, au secours, aide-moi, je t'en supplie !

Dans la rue, au milieu de la chaussée, je marche sans me soucier des voitures qui me frôlent en klaxonnant. Une pensée surgit dans ma tête « Si je mourais là, maintenant », puis elle s'est évanouie aussi rapidement dans l'immensité, et a été remplacée par une autre « Ça doit être comme cela quand on est mort, on croit qu'on est vivant. »

Cet après-midi, je suis allé à une projection, au grand Rex. Le film, “L'Equipier”, raconte l'histoire d'un phare au large de la Bretagne. Parmi les seconds rôles, Franck, un copain, joue un patron de bistrot. Nous avons fait deux spectacles ensemble, mais à l'époque on ne le remarquait pas. Quinze ans ont passé ; grosse bedaine, visage couperosé, des poches sous les yeux, démarche hésitante, Franck ne compose plus. Son corps fatigué lui dicte sa façon de jouer, il ne peut pas faire autrement.

Le jeu juste, c'est quand le corps prend le pas sur l'intelligence, quand on ne peut plus faire autrement. Aujourd'hui

Franck est là, et le comptoir, les clients, les bouteilles, les ballons de rouge se mettent à graviter autour de lui. On y croit, c'est magnifique, un vrai manège enchanté dont il est le centre, le pivot. À son insu le temps a joué avec son corps, et son corps peut enfin jouer là, ici et maintenant. Merci Franck. Franck je t'aime, tout le monde t'aime !

Et pour moi, quand se fera la rencontre ? Quand viendra le moment où je me glisserai dans la peau d'un personnage comme dans un habit fait sur mesure ? La peau d'un personnage, quelle connerie ! Le personnage, ça n'existe pas.

La seule peau que je connaisse c'est la mienne et elle est prête à endosser n'importe quel habit de n'importe quel rôle sorti de l'imagination de n'importe quel auteur. Ma peau ? Je l'offre à qui veut.

Le soir, dans ma loge, au théâtre, tranquillement installé dans la peau de tous les personnages anonymes que j'ai joués, j'attends les dernières répliques de la pièce en regardant dans le miroir le reflet d'un homme qui ne me ressemble pas vraiment.

Lundi. Jour de relâche, j'en profite pour assister à la première de “Dans la jungle des villes” de Brecht. Après la représentation, je parle avec quelques copains ; pas de dramaturgie, ni de jeu, ni de mise en scène. Non, aujourd'hui, le temps des grandes discussions est révolu. Les collègues trouvent tout “super bien”, et ceux qui viennent de jouer vivent chaque soir le plus beau jour de leur existence. Aux saluts, on dirait qu'ils ont gagné à l'Euro-Million. Dire « c'est un peu long » ou « ça manque de rythme » est une critique féroce, un assassinat. À présent, c'est plutôt « Comment t'es arrivé sur ce coup ? », ou bien « Vous jouez combien de fois ? », et surtout « Tu me présentes au metteur en scène ». L'important n'est plus d'être sur un projet enthousiasmant. L'important est d'être là, encore là, vivant !

Chacun est devenu l'épicier de sa petite entreprise. « Il faut savoir se vendre » n'arrête pas de me seriner mon agent. Le problème, c'est que je ne sais pas combien je vaux.

Ce soir, personne n'a aimé le spectacle, mais tout le monde se retient de critiquer : le directeur du théâtre a fait l'adaptation. Je croise une vieille comédienne. Je tente d'engager la conversation à propos de la direction d'acteurs que je trouve trop hystérique. Elle me rembarre « Me fais pas chier, je cherche du boulot. J'en ai rien à foutre de tes conneries ! », avant de repartir, légère et insouciante, comme une jeune fille, en apercevant le metteur en scène, un homme affreux, qu'elle embrasse sur les deux joues comme du bon pain.

Malgré la violence de sa réaction, sa franchise m'a fait du bien, j'ai enfin compris qu'en dehors de la scène les acteurs n'ont plus rien à se dire. Lors de ces soirées de première, je vois de la tristesse et de la peur dans les regards. Mais bon, comme dirait le grand philosophe Ben Harper : c'est la vie, man.

- « Salut Victor ! Qu'est que tu racontes, tu… travailles ? » me dit un collègue médaillé d'or au concours du comédien qui a le moins joué ces dix dernières années.

- Excuse-moi, mais je ne le dis plus.

- Pourquoi ?

- Si je te dis que je travaille, tu déprimes, si je dis que je ne travaille pas, c'est moi qui déprime. Ça fait vingt ans que ça dure. Alors merde !

- Ok. Et sinon…tu bosses ?

J'allais partir, quant au détour d'un couloir je tombe nez à nez avec une ancienne camarade de promotion. En sortant du Conservatoire, elle m'avait demandé de rejoindre un groupe qu'elle venait de former. Nous avons fait trois spectacles de clown ensemble, avec une certaine réussite, sans être payé naturellement, puis, du jour au lendemain, elle a disparu : plus de nouvelles. Elle avait été engagée à la Comédie Française. Elle a enchaîné les premiers rôles, fait des mises en scène, est devenue sociétaire, un des membres influents de la mafia de la Comédie Française. Je ne dis pas mafia par jalousie, c'est juste parce que je suis à l'extérieur. Si j'étais à l'intérieur, je dirais la famille, la grande famille. C'est étonnant comme un lieu change de nom suivant que l'on soit à l'intérieur ou à l'extérieur de ce lieu.

Jamais une invitation, jamais une proposition de travail, pas un coup de téléphone, black-out total, comme si ces deux années d'intense collaboration n'avaient pas existé. La réussite éloigne plus sûrement que la mort. Dans ce couloir du théâtre impossible de faire semblant de ne pas me reconnaître. Je la sens hésitante, son regard me dit qu'elle aurait bien aimé ne pas me rencontrer. Nous nous embrassons avec retenue, surtout elle. Je ne sais pas si vous avez déjà embrassé un fantôme ? Moi si.

- Victor… comment vas-tu ? Qu'est-ce que tu deviens ?

Je ne sais pas ce qui m'a pris, je lui ai répondu :

- J'ai arrêté le métier.

Elle me regarde un peu gênée :

- C'est pas vrai.

- Si, j'ai ouvert une pizzeria.

Elle retient un sourire.

- C'est pas vrai !

- Quand j'ai le temps, je viens au théâtre voir les copains.

Tout doucement elle commence à y croire.

- Et ça marche ?

- Pas mal. Je viens d'acheter 200 m2 près du jardin du Luxembourg. Je pense déjà à un troisième magasin.

Lancé sur mon mensonge comme sur un tapis volant, rien ne peut m'arrêter.

- Mon but c'est d'aider mes anciens camarades, le métier

est devenu si difficile. Si tu entends parler d'un projet intéressant, je suis prêt à le financer… en partie, bien sûr.

- C'est vrai ?

Perdu dans mes pensées d'homme d'affaires, je l'ai plantée là, j'ai fendu la foule, je suis parti sans me retourner. J'ai bien joué ce soir. Saluts et applaudissements.

Lendemain matin. Le téléphone sonne.

- Allo, Victor ? C'est Nad.

- Nad… Je me réveille, il me faut du temps.

- Nadine ! On s'est vu hier, au Brecht.

- Au Brecht… ah oui, tu vas bien ?

- Impeccable. J'ai repensé à ta proposition. Alors voilà, pendant les vacances de Pâques, en plus du Français, je monte un spectacle de poésie au Festival Georges Sand dans le Berry. Les textes sont magnifiques, inédits bien sûr. Le titre, “Une femme dans la tourmente” : qu'est-ce que tu en penses ?

- Comme ça, pas grand-chose.

- Mais, tu m'avais dit…

- Combien il vous faut ?

- 20 000.

- Ok. Je réfléchis.

Sa voix s'est radoucie tout d'un coup.

- Il nous manque un comédien… ça te dirait de participer à l'aventure ?

- Un grand rôle ?

- Malheureusement, non, tout est déjà distribué. Si j'avais su plus tôt.

- Je vais réfléchir Nad.

J'ai fermé les yeux. Toutes ces années de souffrance où je voyais son nom s'étaler sur les affiches se sont effacées comme par magie. Je la tenais dans ma main, il n'y avait plus qu'à serrer. Un court instant j'ai eu envie que ma vie s'arrête sur cette sensation délicieuse de puissance. J'ai posé le combiné sur la table, sa voix lointaine de petit serpent maléfique a continué de siffler.

- Victor. Victor ? Réponds-moi. J'ai besoin de ton aide ! En ce moment, il y a une ambiance épouvantable à la Comédie Française. Je n'en peux plus, je joue avec des copains que je dois virer au prochain comité, c'est horrible, inhumain. Victor, si tu es coproducteur, je peux faire un effort. Victor, ne me laisse pas tomber.

Ce rôle me fera mourir, "Le taxi..." sera mon tombeau. Cette réplique est comme le chas d'une aiguille, où il me faut passer, et chaque soir, je ne sais comment, j'y parviens, mais chaque soir j'en ressors en lambeaux. Les copains qui viennent me voir me félicitent chaleureusement comme si je venais de gravir les Grandes Jorasses. « T'as bien fait d'accepter ce rôle. Tu t'en tires super bien Victor. On va te faire venir du monde. Courage. » Mon désir de théâtre est dévasté. Pourtant je continue de sourire. Parfois, en sortant de scène, après tant d'humiliation, un besoin impérieux de supériorité se fait sentir. Alors je joue au petit malin, à l'important.

Ce soir, après la représentation, accoudée au bar, une très jolie fille me regarde avec insistance. Je m'approche, j'engage la conversation. J'apprends qu'elle est apprentie comédienne dans un "cours de théâtre réputé", ce sont ses propres mots. Nous parlons du spectacle, du métier d'acteur. Lorsqu'elle m'a demandé si j'éprouvais du plaisir à interpréter mes quatre "personnages", je n'ai pas pu m'empêcher, c'est parti d'un seul coup.

- Evidemment, la diversité des rôles, c'est ça qui est intéressant pour un comédien. Quand je suis caché dans les coulisses et que je fais rire cent personnes, c'est une expérience étonnante, une sorte de "work-in-progress" sur l'importance de l'absence au théâtre ! On pourrait presque dire "l'incroyable présence de l'absence". Vous avez lu Diderot ?

Dans ma tête une voix m'encourage. Vas-y Victor.

Porte-lui l'estocade ! Les stars disent rarement qu'elles ont accepté un rôle pour payer leur loyer, ou le crédit de la bagnole, alors pourquoi pas toi ! Le pire c'est que la fille buvait mes paroles. Une autre fois, jour de relâche, je dîne chez des gens que je ne connais pas.

- Comment faites-vous, les acteurs, pour retenir tout votre texte ?

- Oh, la mémoire c'est comme un muscle, il suffit de la faire travailler, un petit peu chaque jour.

- Donc, sans effort, vous pouvez apprendre dix, vingt pages.

- Oui, oui, sans problème.

- Tu te rends compte chéri ! Toi qui n'arrives même pas à te souvenir de mon numéro de portable. Tu devrais suivre l'exemple de monsieur. Quelle mémoire, vous êtes formidable.

- N'exagérez pas, c'est juste une habitude.

- Je crois que vous jouez en ce moment. Serait-il possible de venir vous entendre déclamer vos tirades ?

- C'est-à-dire que… c'est complet. Oui, jusqu'à la fin. Un vrai triomphe.

Vers la fin janvier, le public diminue soudainement. Le directeur nous a prévenus que nous ne pourrions pas continuer comme cela, dans une semaine il décidera avec le producteur si la pièce se poursuit ou pas. D'après les rôles principaux, un mois à tout casser.

Il y a quelques jours, j'ai envoyé mes voeux de bonne

année à une amie devenue une star du petit écran grâce à un feuilleton télé. Depuis qu'elle a réussi, nous ne nous voyons plus, mon visage doit la déranger, lui rappeler les années de galère.

A présent elle semble vivre sur une autre planète. Ce qui ne l'empêche pas de me donner de temps en temps de ses nouvelles au téléphone. Chaque fois elle se plaint de sa nouvelle célébrité. Impossible d'aller à la plage, les gens la prennent en photo et la balancent sur Internet avec des commentaires désobligeants sur son physique, dessinant même des flèches pointées sur ses bourrelets ou sur son slip de bain qui lui rentre dans les fesses. Impossible de prendre un café avec une copine sans qu'un crétin lui mette la main sur l'épaule, et se colle à elle goguenard, comme si elle était une affiche en carton, pendant que sa femme ou ses enfants les prennent en photo.

- Tu te rends compte, les gens m'interpellent par le prénom de mon personnage. Comme si je leur appartenais, c'est horrible. J'ai l'impression d'être une peluche, une poupée, un panneau publicitaire pleurniche-t-elle. Même mon frère qui est jaloux comme un pou m'appelle par mon prénom de télé. Et ma mère aussi vient de s'y mettre, « c'est plus pratique » qu'elle me dit. Moi qui voulais changer de vie, je suis servie !

Je n'ai pas voulu l'interrompre, mais elle a dû entendre mon soupir.

- Oh, excuse-moi de t'embêter avec tout ça. Les copains sont venus te voir, ils m'ont raconté ton calvaire, mon pauvre. Une seule phrase ! A ta place, je serais morte.

L'autre jour en allumant la télé, je suis tombé sur son feuilleton. Elle était à l'écran et s'adressait directement à la caméra, sur un ton décalé et faux qui s'explique par des impératifs de production. Je sais, pour en avoir fait, que dans ce genre de série, les acteurs ne font plus de répétition, tout doit être mis en boîte en une ou deux prises. Résultat, ils sont toujours en train de se battre entre leur texte, leur place, le décor, la lumière. Quand j'ai appuyé sur la télécommande, ma copine m'a regardé fixement dans les yeux et a prononcé lentement la phrase suivante sur un ton énigmatique :

- La haine est un bon moteur pour celui qui veut obtenir la victoire.

Sur le coup, ça m'a fait peur. Une trouille terrible. Je viens de recevoir sa réponse à mes voeux de bonne année : sa photo, dans son rôle qu'elle joue, signé du nom de son personnage, Juliette Lacoste. J'aurais aimé un signe plus intime, une vraie marque d'amitié. Au lieu de cela, sa bobine surmontée du logo de la chaine.

C'est incroyable d'envoyer sa photo pour souhaiter la bonne année. Ce que je vous souhaite de meilleur pour l'année prochaine, c'est moi ! Je lui répondrais bien avec une photo de mon petit rôle, mais elle ne me reconnaîtra pas, je suis toujours de dos. La prochaine fois que je la rencontre, peut-être me proposera-t-elle de me signer un autographe. Aurai-je la force de refuser ? Pas sûr.

Le soir. Au théâtre, je n'ai pas pu me défaire du souvenir de cette amie, j'y pense sans cesse, même sur scène. Quand ma partenaire m'a lancé sa réplique, la photo de ma copine s'est mise à danser à la place de son visage, et ses lèvres m'ont murmuré « C'est Juliette Lacoste. A ta place je serais morte ! Bonne année quand même. »

J'ai toujours été attentif au talent des autres, plus qu'au mien. Mais soyons honnête, quand je vois un copain, une copine à l'écran, même si c'est "une grosse daube" comme on dit entre nous, je suis jaloux. Jaloux à en crever. La jalousie, chez les comédiens, est une seconde nature. Nous sommes tous jaloux, une jalousie énorme, qui prend toute la place, dévore notre intelligence, notre raisonnement, une jalousie d'amoureux éconduit, une jalousie qui fait de nous des abrutis. Pour nous, le métier est un gâteau à partager, comme dans une grande famille. C'est celui qui prendra la plus grosse part.

Pourtant chacun est devenu acteur pour des raisons différentes, aucune n'est meilleure qu'une autre, et toutes sont légitimes. Le problème est que, si un d'entre nous réussit à être en haut de l'affiche, j'en déduis immédiatement que c'est sa raison à lui qui est la meilleure et que la mienne ne vaut rien.

Cette copine dans le téléfilm, pourquoi elle, pourquoi pas moi ? ! Quelle rencontre ai-je manqué, où est ma faute, où est mon erreur ? Et je finis toujours par éteindre la télévision. Un jour, j'ai même craché sur l'écran : je devenais fou.

Mais la pression est énorme. « Dans quel camp es-tu ? », voilà ce que pensent secrètement deux comédiens qui se rencontrent. Du travail dépend la santé. Travailler, c'est être heureux, travailler, c'est être hors de l'angoisse. Ne pas travailler, c'est être dans le noir, suffoquer, en apnée, couler dans les profondeurs d'un lac gelé, entouré de monstres qui tentent à chaque instant de vous mordre et de vous dévorer.

Bien sûr, il y a ceux qui croulent sous les scénarios, qui passent de plateaux télé en studios de radio, impossible à joindre, toujours sur répondeur. Je les regarde, je les écoute, et plus je les regarde, plus je les écoute, moins je les comprends. Comment ça marche à l'intérieur ? Quel est le nom de ce muscle qui leur permet d'agripper le monde et de le ramener à eux, alors que moi je reste sur la touche, sans force, tout mou ? Ma première réaction est de les admirer, mais la seconde est de les haïr. Ce sont de véritables aimants, chaque personne rencontrée devient immédiatement spectateur de leur vie. Quoiqu'ils fassent on les écoute, on les regarde. Même leurs doutes et leurs douleurs ils en font un spectacle.

Pour moi, c'est exactement le contraire, je n'ai aucun succès, je suis inconnu, et mes doutes et mes douleurs sont autant de plaies que je cache le plus possible.

A chaque fois que j'ai la chance de travailler avec un comédien connu, le temps d'une journée de tournage nous faisons semblant de faire le même métier. Enfin, pas tout à fait ; moi, j'ai la sensation d'être tout proche du paradis. Exactement comme mon chien, quand je suis à table et qu'il reste sagement assis à mes pieds, tremblant de désir, la langue pendante, avec le secret espoir d'attraper une miette du repas que je suis en train d'avaler devant lui. Mon chien, voilà un bon intermittent. Oui, c'est ça ! Les vedettes sont à table, et nous, les petits rôles, les regardons se goinfrer.

Une fois, sur un tournage, à la demande du réalisateur, j'ai accepté de coller un post-it sur mon front, pour qu'une star, qui n'arrivait pas à retenir son texte, puisse jouer tout en lisant sa réplique. La honte bien sûr. Mais ce cachet était le 43ème de la saison, il me permettait d'accéder in-extremis au monde merveilleux d'une année supplémentaire aux Assedic. Une année de loyers payés rubis sur l'ongle le trente du mois, une année d'achats pour les enfants, de repas améliorés, une année où mon regard ne jouerait pas constamment à éviter les vitrines des magasins, une année agrémentée de quelques cafés sirotés en terrasse, peut-être même un week-end à la mer. Alors je n'ai rien dit. Le coeur serré, j'ai accepté le post-it sur mon front.

Quand ça a été à mon tour d'être filmé en gros plan, le téléphone de la star a vibré pendant que je jouais. Il a répondu, et… il a pété. Discrètement, mais il a pété. Il y a eu comme un léger flottement, puis il a souri. J'ai souri à mon tour, sourires entre nous, invisibles aux autres, sourires qui scellaient notre accord : « Mon cul s'exprime en même temps que ta bouche. Mais mon cul est plus important que ta bouche. »

Plus loin dans l'humiliation, je ne crois pas que je suis allé. J'ai eu beau me répéter en boucle la phrase de P. Valéry « Ces jours qui te semblent vides et perdus pour l'univers, ont des racines avides, qui travaillent les déserts », ça n'a pas marché. Les jours étaient vides, l'univers un gouffre, mes racines avaient disparu et les déserts restaient silencieux et angoissants. Je ne m'en sortirai pas. Voilà ce qui a tourné dans ma tête durant les quelques secondes qui ont suivi notre échange de sourires juste après son pet : " Victor, tu ne t'en sortiras pas ! "

Pourtant je l'aime bien ce type. Depuis une semaine je ne dormais plus tant j'avais peur de ne pas être à la hauteur, j'étais tellement heureux et impressionné de mêler mon nom au sien sur un générique de film. Je pensais aux copains, ils allaient être verts de jalousie. Et voilà, pendant que je tournais avec la star préférée des Français et que je renouvelais mes Assedic pour un an, lui téléphonait et me pétait pratiquement à la gueule. Mais bon, cet acteur est dans une grande souffrance parait-il, c'est ce qu'on remarqueimmédiatement quand il parle avec le présentateur, tranquillement assis sur le canapé rouge en forme de sexe de femme, le dimanche après-midi.

Allons, moi aussi il faut que je parte à la recherche de ma grande douleur qui me mordra les mollets tellement fort que je serai obligé d'avancer, d'écraser tout sur mon passage, comme ce type odieux qui péte devant ses partenaires.

Après la représentation, un vieil acteur me dit en souriant :

- Pour réussir dans ce métier, il faut être méchant et vénal.

Je ne savais quoi lui répondre. Il a enchainé.

- Maintenant que je suis à la fin de ma vie, vénal c'est trop tard, et méchant je ne peux pas. Ceux qui ont réussi, je n'ai rien contre eux, au contraire. Aujourd'hui, je les admire !

Les mous, les plaintifs, les sentimentaux comme toi, ils me font chier. En fin de compte, vous êtes des lâches.

J'allais partir, quand il a ajouté laconique :

- Il y a deux règles dans ce métier : la première, c'est qu'il n'y en a pas. La deuxième, tous nos spectacles se jouent sur une tombe.

Dans le métro. Je me souviens d'un rendez-vous avec un réalisateur pour un rôle particulièrement musclé. Il me questionne « Est ce que vous faites du sport ? », je lui réponds que oui. On parle, on parle, et soudain je me retrouve torse nu en train de lui montrer mes "plaquettes de chocolat", mes abdominaux. S'il me l'avait demandé, je crois bien que je lui aurais montré ma bite.

Ce soir, le metteur en scène est revenu. Lors de notre première rencontre dans son appartement, il m'avait demandé avec qui j'avais travaillé, et à chaque nom que je lui citais, il sursautait :

- Celui-là, je l'ai bien connu ! Toujours aussi nul ? Ah, lui ? Depuis qu'il a fait sa dépression, il a pris trente kilos. Remarque, il a enfin trouvé son emploi, "Gros lard". Lui ? Oh le pauvre, il a été marié avec cette actrice, malheureusement ils ont perdu leur bébé, c'est pour ça qu'il boit tant. Ah, bon, t'as travaillé avec elle ? Quelle conne ! Plus conne y a pas, ou alors une taupe. Lui ? Il n'est pas mort… ah, je croyais.

Chacun a eu son paquet, une vraie "langue de pute". Sur le coup je suis resté sagement assis sur ma chaise et j'ai répondu à toutes ses vacheries par un sourire. J'aurais dû comprendre que bientôt ce serait mon tour, il suffisait d'attendre. Avec les "langues de putes", j'ai toujours le sentiment de faire partie d'une élite, et que le reste du monde est de la merde. Bien entendu, dès que je referme la porte, je fais partie du reste du monde.

Le metteur en scène est revenu : tremblements, noeud dans le ventre, je n'y arriverai pas. Première intervention. Je fixe mon regard sur ma partenaire et je sors à son bras comme si j'étais hypnotisé par elle. Cette pièce, ça devient vraiment n'importe quoi.

Amener de la vie sur scène, rien de plus difficile, il y a tant d'obstacles. Quand j'étais petit, je m'enfermais dans ma chambre, et au moment où ma mère allait se coucher, je pensais, « Si elle m'aime, elle viendra m'embrasser ». À mesure que la soirée passait et que de toute évidence elle ne viendrait pas, les larmes me montaient aux yeux. Pour rien au monde je ne l'aurais appelée, c'est elle qui devait comprendre mon désir ! Sur scène, c'est pareil, je pense très fort au public. À chaque pas, je lui dis mon amour, dans les quelques mots que je joue, je lui dis mon amour, à travers le quatrième mur imaginaire qui nous sépare, je lui dis mon amour. Puis, dans ma loge, j'attends. Bien sûr, personne ne vient, mais je sais que bientôt les applaudissements seront ma récompense. Si un bravo fuse dans la salle je le prends rien que pour moi.

Le théâtre est plus fort que l'enfance.

Quinze minutes à attendre avant les saluts. Dans mon cagibi, il y a une échelle qui mène à une soupente, et dans cette soupente une lucarne. Je monte, je m'allonge, je ferme la lumière : face à moi deux cents milliards de galaxies. Vingt-neuf galaxies pour chaque terrien, quelle responsabilité. Ce soir, la lucarne est comme un trou noir piqueté de minuscules diamants qui scintillent dans une mer d'encre où j'ai envie de plonger et me noyer. La réalité, c'est qu'il faut être un monstre pour résister à ce métier. Je descends les escaliers. Lumière ! Eblouissement. Saluts et applaudissements.

Cinq heures du matin, l'aube bleuit à travers les persiennes, je suis dans ma salle de bains, face au miroir. Parfois je me regarde, je ne me reconnais pas, je ne suis plus là, j'ai disparu. Dans ces circonstances vivre n'est pas facile, mais jouer est un exercice de haute voltige puisque paraît-il « On ne joue que soi-même » et qu'à cet instant précis je ne sais plus qui je suis. Alors je m'engueule, je m'insulte, je me maudis. Cela ne sert à rien, il n'y a plus personne. Il faut attendre, attendre, à un moment, sans effort, sans prévenir, tranquillement, je reviens. Dans la chambre voisine, j'entends mon fils bouger. La journée va bientôt commencer.

Dans ma loge : toujours ce même visage qui me regarde dans le miroir. Derrière ce visage, trois costumes sagement pendus sur leur porte manteau. Si on m'avait dit il y a vingt ans en sortant du Conservatoire que je serais à cet endroit, je n'aurais pas continué. Si on me disait aujourd'hui que dans vingt ans je serai à la même place, je devrais tout arrêter. Pourtant, malgré la frayeur, la peur, et l'humiliation, je suis toujours là. Je n'arrive pas à comprendre pourquoi. La seule chose que je puisse dire c'est que "l'envie est intacte".

L'envie ou l'espérance ? Un copain, 60 ans, à qui je posais la question rituelle « Qu'est-ce que tu fais en ce moment ? », m'a répondu tranquillement qu'il attendait que les autres meurent.

– A un moment on finira bien par être moins nombreux. Piscine, yoga, tai-chi, course à pieds, barre au sol, en ce moment je n'arrête pas. Quand on me proposera des rôles de vieux, je veux être présent et en pleine forme !

C'est vrai qu'il les porte merveilleusement bien ses soixante ans. Mais je crains qu'à force de s'entretenir, il ne fasse jamais son âge, et que ses collègues plus jeunes n'accepteront pas de mourir avant lui, juste pour lui permettre de jouer des rôles de vieux sans concurrence. Le jour de sa mort, peut-être sera-t-il surpris d'avoir rempli son existence d'une attente stérile, une attente dont il pensait qu'elle lui dispenserait de vivre, qu'elle l'empêcherait de vieillir. Mais bon, mon copain a l'air d'être heureux, c'est le principal.

Assis, face au miroir, j'attends de descendre sur le plateau pour dire ma phrase sur scène. Je me regarde, je ne me reconnais pas vraiment, mais tout va bien, l'important est de ne pas souffrir entre deux interventions. J'écris ce journal. Mon stylo et la feuille blanche sont mes armes pour me défendre. Plus rien ne me touche. Le metteur en scène vient de passer devant les loges des rôles principaux, puis il est monté dans la mienne et a refermé la porte derrière lui.

- Qu'est-ce que tu fais sur scène ? Qu'est-ce que tu fais avec ta voix ?

- Ben rien, je parle.

- T'appelles ça parler ! Pourquoi tu modules ta voix comme ça, tu ne t'entends pas ?

- Mais, tu m'as dit plus fort.

- Ecoute, au début tu nous as fait Serge Gainsbourg, puis on a eu droit aux bafouillages, maintenant ton personnage ressemble à l'entraîneur de l'OM ! Je sais que tu t'emmerdes, mais j'en ai rien à faire. Parle avec tes couilles, merde !

- Mes… couilles ?

Et il est sorti en claquant la porte.

Je n'ai aucun souvenir de ce qui s'est passé sur scène : le trou noir. Pourtant, quand les lumières se sont rallumées, des gens nous ont applaudis et nous avons salué. J'ai croisé le regard du metteur en scène, il avait l'air content. Au bar, je retrouve un copain du conservatoire :

- Ça va ?

- Bof, je ne me plains pas. En ce moment, je donne des cours de théâtre.

- Super. Qu'est-ce que tu leur racontes à tes élèves ?

- La vérité : vous rêvez de liberté, de plaisir, de passion, vous aurez plutôt la souffrance, l'ennui, parfois même l'humiliation.

- Waouh, vas-y mollo...

- Hier, j'en pouvais plus. Je leur ai dit que chaque année ils sont cinq mille à vouloir apprendre notre beau métier,et que sur ces cinq mille il y en a un ou deux qui seront des stars, vingt qui travailleront, cinquante qui alterneront petits rôles et Assedic, et que le reste, 98%, ne mettra jamais le pied sur un plateau. Jamais !

- T'es gonflé de leur dire ça.

- Non, j'en ai marre. Il y a des écoles pour apprendre à jouer, moi je donne des cours pour apprendre à attendre de jouer. C'est honnête non ? Tu les connais ces comédiens qui déclarent "Je tourne un film ! ", alors qu'ils n'ont qu'un jour de tournage début mars, un autre fin avril et entre les deux la déprime… parfois même la folie.

- J'avoue, c'est vrai.

- Moi, je ne veux pas leur mentir. Je leur fais travailler des rôles qui ont deux ou trois phrases maximum. Parfois je leur fais juste ouvrir une porte, traverser la scène sans rien dire, serrer une main et surtout je n'arrête pas de leur seriner

« Apprenez un autre métier en même temps, ça risque de vous servir ! »

- Quand même, t'es dur.

- Ouais, c'est ça ! Tiens, je vais les encourager à venir te voir dans la merde que tu joues. Après je leur raconterai ton concours de fin d'année dans Ruy Blas au Conservatoire National Supérieur. Tu te souviens comme t'étais bon, et comment les filles te regardaient ? Putain, quel boulot de chien. Les acteurs que je forme, ils seront capables d'interpréter un mot, une phrase sans emmerder tout le monde avec leurs états d'âme, parce qu'entre-temps ils seront prof de théâtre, coach, conférencier, guide touristique, hôtesses d'accueil… Tu comprends, je veux continuer à pouvoir me regarder dans une glace.

- C'est bien, mais ils t'entendent ?

- Ils s'en fichent ! Ils sont trop occupés à lire les bêtises, les âneries des stars dans leurs interviews. Faut dire qu'elles mettent le paquet.

De sa poche, il a sorti un petit carnet.

- Ecoute ça : « Je suis actrice pour entrer dans le puits de l'être humain », pas mal non ? « Entre faire le con et se donner en spectacle la nuance est ténue », c'est beau tu ne trouves pas ? « Quand je joue, je deviens terre pour qu'une graine puisse pousser », fallait oser ! Quelle bande de crétins. Tiens, je t'ai gardé le meilleur pour la fin, c'est court mais ça vaut son pesant d'or : « Je refuse d'aller mal », comme si on pouvait le décider. Ces abrutis se prennent pour des Dieux. Assis sur le toit du monde ils contrôlent tout, et nous on est censé les regarder avec envie.

Il a refermé son carnet. Nous sommes sortis du théâtre.

- Mes élèves, on dirait qu'ils sont venus uniquement pour cela ; s'entrainer à vivre les conneries que racontent les stars. Mais ça ne fait rien, un jour ils se souviendront de ce que je leur ai dit.

Il s'est arrêté, m'a regardé droit dans les yeux.

- Franchement, toi et moi on aurait bien aimé qu'on nous explique que dans ce métier quand le rêve s'écroule, il ne reste plus que la réalité, mais là on ne dort plus.

Dans le métro. Mon copain n'a pas tort. Ceux qui n'ont pas vécu ce sentiment de solitude à la lecture d'une pauvre réplique perdue au milieu d'un scénario de cent vingt pages, et l'effort que je fais à cet instant précis pour étirer le sens de ces quelques mots, les faire recouvrir l'espace intime de l'artiste qui vit en moi et me tient debout, ne savent rien de la cruauté de la vie d'acteur. Pour remplacer la situation avec une image : si on étendait un mince drap de coton sur toute la carrière de la plupart des comédiens pour regarder les endroits où la souffrance a fait saigner leur coeur, le drap serait tout rouge.

Souvent les petits rôles, nous restons bloqués à un endroit que nous considérons comme stratégique, un endroit où, avec un peu plus de perspicacité, d'intuition, la chance aurait dû tourner en notre faveur. « Je te jure, Chéreau au supermarché, il était juste derrière moi, et je ne l'ai pas salué ! »

Moi aussi j'ai eu mon gros ratage, cette rencontre qui aurait pu faire basculer mon destin, changer le cours de mon existence, et que j'ai bêtement laissé passer. Justement, Chéreau, ce metteur en scène adulé, je l'ai rencontré. Dans un salon privé du Théâtre de l'Odéon, il me reçoit assis derrière une table. Pendant de longues minutes, il me fixe intensément de son regard bleu acier. A un moment j'en ai eu marre, je lui ai demandé pourquoi il me regardait ainsi.

- Pour voir qui vous êtes à l'intérieur, qui vous êtes en vrai.

J'ai eu envie de lui répondre :

- Si t'as envie de savoir qui je suis, t'as qu'à me faire bosser. Je suis mort de trouille, j'ai envie de chier dans mon froc tellement j'ai peur, voilà qui je suis ! Connard.

Mais je n'ai rien dit. J'ai comprimé ma colère, pris un air détendu et dynamique, le mec qui n'arrête pas de refuser du boulot, tout en étant assez mal à l'aise, persuadé qu'il avait perçu ce que je pensais de lui à l'intérieur. Le côté chaman des metteurs en scène, l'homme qui entend vos pensées. L'omniscience que je prête aux metteurs en scène est absolument égale à l'omniscience que je prêtais à mes parents.

Bien sûr, j'avais envie que ça marche ! Tellement envie ! Un désir énorme, un désir que j'imaginais presque repoussant pour lui. Un désir dégueulasse, et qui me faisait honte. Je m'imaginais avoir une tête de hyène. Souvent je crois que mon visage a la tête de mes pensées, et comme souvent je juge mes pensées dégueulasses, je suis persuadé que j'ai une tête de monstre.

Nous avons donc continué à nous regarder en chien de faïence pendant cinq minutes. C'est long, cinq minutes de silence. Devant Chéreau, c'est énorme, une éternité, un peu comme devant Dieu. Subitement, j'ai senti tous les mensonges de ma vie affleurer, et j'ai eu peur… peur d'être démasqué. Pour échapper à ce sentiment angoissant, j'ai fini par pouffer de rire. Vous vous rendez compte : pouffer de rire dans un salon privé du Théâtre de l'Odéon face à Chéreau, alors qu'il me recevait pour le rôle d'Ossip dans "Platonov" de Tchekhov, avec G. Desarthe dans le rôle principal : faut être fou ! Mon acteur préféré et mon auteurpréféré réunis pour ce qui aurait été le feu d'artifice de ma carrière. Chéreau m'a gentiment invité à partir, en me souhaitant bon courage pour la suite. J'ai failli lui répondre « Vous aussi. »

Ça me rappelle une autre histoire. Un camarade a eu la chance, l'honneur, le bonheur, de faire un stage avec P. Brook. Dans un dîner d'intermittents, si tu dis que tu fais un stage avec P. Brook, tout le reste de la soirée la conversation tourne autour de ta personne, comme Louis XIV avec ses courtisans.

Après un bref speech, le metteur en scène invite les participants, tous en extase évidemment, tous persuadés de toucher enfin le Saint Graal, mais en vrai, ce qui n'est pas banal, à quitter leurs chaussures et venir les rejoindre sur le tatami pour des exercices corporels. Les quinze stagiaires ont rapidement enlevé leurs chaussures, leurs chaussettes, certains commençant à trouver que pieds nus ils étaient déjà meilleurs comédiens, quand mon copain a annoncé que les pieds pour lui c'était sacré, qu'en 25 ans de carrière il n'avait jamais quitté ses chaussures, et que donc il ne pouvait absolument pas, par décence mais aussi par superstition, faire prendre l'air à ses doigts de pieds. Lentement les collègues ont tourné la tête et l'ont regardé comme s'il perdait la raison. Sans que Brook n'intervienne, ses assistants ont raccompagné mon pote à la sortie du Théâtre des Bouffes du Nord, et l'ont rejeté dans le flot de la vie. La vie si profane à leurs yeux, eux qui respirent à longueur d'années l'air pur des cimes de la création aux côtés du Maitre.

On a bien ri quand il m'a raconté cette histoire, surtout quand je lui ai suggéré de porter plainte à la Cour européenne des droits de l'homme. C'est vrai quoi ? Dans quel métier vous oblige-t-on à quitter vos chaussures pour bosser, surtout durant un stage pas payé ! Aujourd'hui il rigole moins : chômage depuis 4 ans, et dans les diners plus personne n'en a rien à foutre de lui : Louis XIV est mort.

- J'en peux plus. Quand je joue, je souffre, et quand je ne joue pas, je souffre aussi ! Je ne suis pas le Christ bon Dieu !

Beaucoup de mes copains ne bossent plus à cause d'une attitude un peu désinvolte. Ceux qui autrefois faisaient la richesse du cinéma et du théâtre français, ces seconds rôles un peu frapadingues, ces excentriques salués par le public et la critique, qui en deux répliques campaient des personnages saisissants, et qui tous tournaient une dizaine de films par an, les Bussières, Carton, Frankeur, Dalio, Andrex, Le Vigan, Aimos n'ont pas de descendant. Aujourd'hui l'heure est à l'obéissance, et ça donne des spectacles plutôt obéissants.

Après la représentation, un collègue intermittent m'attend à la sortie. On va prendre un pot.

- Victor, j'ai honte. Quand j'ai rendez-vous avec un casting, j'ai tellement peur que j'essaie de l'imaginer aux toilettes en train de chier. Ce n'est pas glorieux, mais c'est la seule pensée qui me permet d'arrêter d'espérer, de redescendre sur terre.

Le regard effrayé, comme s'il contemplait le sol à dix kilomètres d'altitude, il a murmuré :

- C'est une distance difficile à franchir, je t'assure…

- Tu parles de la distance entre ton rêve et la réalité ?

De la tête, il a fait oui. Ses yeux étaient pleins de larmes. Je n'ai pas su quoi lui dire. J'ai juste partagé son silence. Après avoir été une vedette du théâtre subventionné, il anime des séminaires de gestion du stress en entreprise. Plus dure sera la chute.

Le directeur nous a réunis dans son bureau, verdict : pas assez de public, plus que trois semaines, ensuite rideau. Les jours passent, les représentations s'enchaînent, je sens bien que j'ai peu de prise sur les évènements. Chaque soir je regrette d'en être là, de vivre cette réalité qui pourtant doit bien être la mienne. J'aimerais m'arrêter, organiser une existence qui me ressemble, une existence dont je serais fier, et pouvoir écrire « Voilà, c'est moi, ce petit truc là… c'est moi. » Mais je n'y arrive pas, le temps passe et je reste impuissant.

Ce soir, je joue malade, mon nez coule, ma gorge gratte, je dégouline de partout. Gladys me regarde avec compassion, une boite de mouchoirs en papier dans les mains. Une fois en scène, fini ! Nez sec, gorge et regard clairs, maux de tête disparus : je pète la forme. Première, deuxième, troisième, quatrième interventions, impeccable, au maximum le Victor ! Si vous êtes malade, pas besoin d'aller chez le médecin ou à Lourdes, montez sur scène, vous serez guéri. Je descends les escaliers, je rejoins mes partenaires. Face au rideau qui nous sépare des spectateurs, nous nous donnons la main : lumière ! Comme si nous étions face à la mer déchainée, les cheveux battus par le vent du large, nos coeurs se calment sous la caresse des applaudissements auxquels répondent nos saluts déférents. Ils ont aimé, ils nous ont aimés, nous sommes vivants. La nuit peut venir, je dormirai tranquille.

Après la représentation, un copain qui n'a pas travaillé depuis la préhistoire m'attend au bar. Je ne sais pas quoi lui dire. Pour détendre l'atmosphère, après avoir échangé quelques banalités sur la pièce, j'ai tenté le classique :

- Alors, bientôt ta date anniversaire… combien de cachets ?

- Plus de cachet, jusqu'à la fin de ma vie.

- Qu'est ce qui se passe Didier, t'as arrêté le métier ? !

- Non, j'déconne. Il m'est arrivé une histoire de dingue.

Comme j'avais plus d'argent, j'ai répondu à une annonce de l'hôpital Lariboisière pour tester des médicaments contre la dépression. Mais j'ai dû arrêter, le professeur ne veut plus entendre parler de moi, il paraît que je fous en l'air dix ans de recherche. « Les comédiens, vous avez tellement besoin de jouer, on vous file du Valium ou du Temesta, vous pétez la forme, et si on remplace par un placebo, vous ronflez pendant 24 heures ! » Voilà ce qu'il m'a dit avant de me mettre à la porte. Et toi ?

- Ça va.

Le soir, en me déshabillant, je pense « Devenir acteur est facile, le rester pratiquement impossible ». Toute la nuit, en boucle dans mon lit, une voix murmure « Pourquoi tu continues ? » À côté de moi, ma femme dort, le souffle régulier de sa respiration rythme mon insomnie. Les yeux grand ouverts j'ai regardé passer la nuit. Juste avant l'aube, une phrase en néon rouge vif s'est mise à clignoter au plafond « Quelque chose de beau va arriver. »

Cet après-midi, j'ai rendez-vous pour un nouveau rôle. C'est ma copine vedette de la télé qui m'a mis sur le coup. Sympa. Deux répliques, un cachet : j'aurais préféré le contraire.

- Bonjour !

Caméra en main, le casting m'attend. A peine assis :

- Vous pouvez me montrer un profil ?

J'ai failli lui dire « Non, j'existe que de face ».

Ma tête, petit soldat obéissant, s'est tournée automatiquement, le paysage a opéré un travelling de 90°, et je me suis retrouvé face à un chantier de démolition sans vraiment comprendre ce que je faisais là. La caméra numérique ronronne en silence. Une minute passe, l'angoisse monte. C'est quoi cette vie ? Comme un Egyptien, j'ose un oeil de côté.

- Qu'est-ce que je fais maintenant ?

- L'autre.

- Quoi ?

- De profil ! Montrez-moi vos mains !

Ces rendez-vous me fatiguent, chaque fois l'impression d'un interrogatoire avant d'entrer en prison, j'en ressors toujours coupable. « Une partie de l'esclavage mental du comédien, c'est qu'il est persuadé que s'il ne décroche pas le rôle c'est de sa faute », voilà ce que je pense pendant que le casting me filme. Planqué derrière sa caméra, il me sourit enfin :

- Je vous préviens, je ne connais rien du personnage, ni son importance dans l'histoire, son passé, son métier, enfin tout le bordel. Je sais juste la date de la journée de tournage, et que nous avons trente secondes pour faire un bout d'essai. Allez, je vous filme, soyez naturel, optimiste, bref soyez vous-même. Surtout ne jouez pas, le jeu on s'en fout. Attention, c'est à vous... partez !

J'ai senti très fort que le moment était venu, que c'était mon jour, qu'il fallait frapper un grand coup. Mon coeur s'est serré, mais j'ai lutté. Pour une fois j'ai ignoré ses battements qui me font venir le rouge aux joues, trembler les mains, je me suis levé, je l'ai regardé droit dans les yeux, je ne lui ai pas souri, j'ai fait exactement ce qu'il venait de me demander : je suis parti.

Vite, au théâtre ! Dans ma loge, je ferme les yeux. Calme Victor. Respire. Quand je joue sur scène, ou devant une caméra, mon coeur bat toujours très fort, comme s'il voulait sortir de ma poitrine trop petite. J'ai longtemps cru que c'était ça le métier d'acteur, je me disais « Ton jeu est juste puisque ton coeur bat si fort dans ta poitrine ». C'est faux.

Il y a quelque temps j'ai fait un stage Tchékhov, dirigé par un grand acteur Russe bien connu des cinéphiles dont je fais partie. Un gars qui a joué Platonov dans « Partition inachevée pour piano mécanique » un film de Mikhalkov. Le genre d'homme qui peut se pointer dans n'importe quel festival de cinéma sur terre, et qui est certain d'être reçu comme un prince. Au pot d'adieu, quand il m'a donné sa caméra pour que je le filme en souvenir, que j'ai mis mon oeil dans le viseur, j'ai eu l'impression d'être invité à une projection privée d'un documentaire d'Arte. Je ne l'ai pas lâché de la soirée.

A la fin du stage je lui présente la dernière scène de la Mouette. Treplev retrouve Nina, la jeune femme qu'il aime, juste avant de se suicider. Le coeur en capilotade, je pleure comme une madeleine, gros sanglots, soupirs larmoyants, puis, très fier de moi, j'attends l'avis du maître. Il réfléchit, dit quelques mots en russe. La traductrice hésite, semble gênée :

- Monsieur Kaliaguine, s'excuse mais il n'entend que vos pleurs, votre plainte. Il n'a jamais vu Tchekhov aussi absent sur un plateau. Il vous trouve vulgaire, et vous conseille de faire un autre métier.

Sur le moment je n'ai rien compris, je l'ai maudit. Mais je crois qu'il n'avait pas tort. L'émotion que je ressens si fort en scène ne sert qu'à me rassurer. J'en ai un besoin impérieux. Dernières répliques, je rejoins mes partenaires sagement alignés contre le rideau rouge, nous nous donnons les mains. Ouverture du rideau. Lumière. Eblouissement. Saluts et applaudissements. Au bar, en compagnie de plusieurs comédiens et comédiennes, je parle, je parle, je parle... cette voix qui avoue avec gourmandise son bonheur d'être sur scène, je la hais. Dans le miroir, au-dessus du zinc, je vois un homme triste, j'allais dire un homme mort. Non, pas encore.

Aujourd'hui, j'ai rendez-vous avec un ami réalisateur de court-métrage. Depuis cinq, il est en préparation de son “premier long”, mais sans star bankable impossible de préparer quoique ce soit. De guerre lasse, plutôt que de laisser tomber, il a décidé de le tourner dans des conditions moyenâgeuses : équipe technique et comédiens seront payés uniquement si le film est distribué. Autant dire jamais.

Son casting a débuté dans les bureaux de l'ANPE-spectacle. Bien sûr, j'aimerais tellement en être. Je n'ose pas lui dire. Je tremble, mais je me contiens pour que mon désir ne lui fasse pas trop peur.

Tout en sirotant son café, il me confie qu'il n'en peut plus de recevoir des comédiens qui le regardent comme le messie, ou même quelques chose de plus, et qui essaient coûte que coûte d'obtenir le rôle alors que lui-même est mort de trouille et sans le sou. J'acquiesce religieusement.

- Tu vois, j'aimerais qu'ils s'en foutent, qu'ils me rencontrent comme un vieux pote, pour que je puisse tranquillement les regarder, les observer. Dès que la porte s'ouvre, ils entrent souriants, bien coiffés, habillés sur leur 31. Je ne peux rien faire avec ça ! T'imagines un film où tout le monde serait beau, heureux et parfumé. Un vrai cauchemar. Leur volonté de décrocher le rôle se met en travers de mon désir de les filmer. Les acteurs, vous êtes fatigants. Votre boulot ce n'est pas de nous emmerder avec votre envie de jouer ! Ok, je sais que pour vous chaque rendez-vous est une question de vie ou de mort, mais qu'est-ce que j'y peux moi ? Votre boulot c'est de rendre compte du vivant, de l'existence humaine, ce qui échappe ! Les acteurs, vous nous faites chier, rien ne vous échappe !

Avant qu'on ne se quitte, il a ajouté :

- Quand je choisis un acteur ce n'est pas pour son jeu. Au contraire, je le choisis pour ce qu'il n'aura pas à jouer, pour ce que le spectateur verra avant le jeu : l'évidence. La porte s'ouvre, l'acteur entre, et je me dis « Oui, c'est ça ».

Jusqu'à la fin de son monologue, je suis resté sagement assis, pieds et poings liés, comme si une caméra me filmait en gros plan en permanence. Et je n'arrêtais pas de penser, « Il va me téléphoner, il va me proposer un rôle ! »

« Est-ce qu'après ma mort j'aurai encore mes Assedic ? », voilà le genre de pensées saugrenues qui me traversent l'esprit. À une vie subventionnée devrait suivre une mort subventionnée ? D'artiste, je suis passé à comptable. Mes chiffres du bonheur, mon loto à moi, c'est "507, 43". Dites à un comédien, "507, 43 ! ", il a compris. 507 heures, 43 cachets ; bingo, encore une année d'Assedic, encore une année au paradis !

Je prépare la fin de la pièce. Cet après-midi, avant de me rendre au théâtre, je suis passé rue de Brancion où se trouvent les nouveaux bureaux de l'ANPE spectacle, pour consulter les annonces proposées au comédien en manque de travail.

Dans le hall flambant neuf, éclairé par des spots, des affiches "Offres d'Emplois" pleines de promesses sont punaisées sur un long mur d'une vingtaine de mètres. Je m'approche. Je lis.

« Parc d'attraction sud de Paris. "La légende de Sitting-

Bull". Audition rôle de cow-boys et d'indiens. Les indiens doivent réaliser voltiges et cascades à cru, notions de danses traditionnelles autochtones souhaitées. Les cow-boys doivent tirer en rafales, au trot et au galop. » Deuxième affiche, « Pensez à votre arrière-grand-mère. Rejoignez Quordial, l'annuaire des artistes spécialisés dans les spectacles en clinique gérontologique. Marché en pleine expansion. » Troisième affiche, « Depuis plus de 20 ans le Théâtre du Caribou travaille sur la neutralité, la disponibilité, le silence et la gestualité passant par le chemin de l'euphonie. Proposons stage assouplissement corporel préparation prochain spectacle "La guerre, notre poésie". Lettre de motivation détaillée. » Quatrième, « Saison Halloween. Audition soirée événementiel Terrorific Night : recherche comédien, forte personnalité pour rôles de zombie, mort-vivant. Physique exceptionnel bienvenu. » Cinquième, « Vous rencontrez des difficultés récurrentes dans votre pratique de votre parcours d'artiste. Si vous avez plus de quarante-cinq ans faites un bilan de compétence pour changer de métier. »

Je crois que je vais m'arrêter là, choisir cette dernière "offre d'emploi". Vite, au théâtre.

Après la représentation, un copain dont les tempes blanchissent à vue d'oeil m'a conseillé « Il faut tenir le coup, ne pas s'arrêter, continuer à interroger le présent ! » J'ai hoché la tête en respirant profondément pour lui faire sentir qu'il était dans le vrai, et que je le comprenais parfaitement. Pendant de longues minutes on a tripoté nos verres de bière sans rien dire. Pourtant la situation était claire, lui au chômage, moi bientôt au chômage, et le présent qu'il faut continuer à interroger.

Il a raison ce copain. À chaque représentation je remets en jeu mon existence pour quelques minutes vécues le plus parfaitement possible, avec le plus d'intensité possible. Ma vie comme une guirlande d'instants qui se suivent, s'enchaînent, et sont autant de moments cruciaux.

Cette nuit j'ai rêvé que j'étais éternel, c'était très agréable, et surtout, comme à chaque fois que je rêve, le lendemain devant ma tasse de café j'ai eu la certitude que c'était vrai. Ce soir, la représentation s'est très bien passée : j'ai tout fait dans l'ordre, les mots, les gestes, les déplacements, même les silences et les regards. Comme un train s'arrête pile à l'heure dans chaque gare, j'ai été présent à tous les rendez-vous. Juste avant que le rideau ne s'ouvre et que les lumières ne provoquent cet éblouissement que j'adore, les mains de mes partenaires se sont jointes automatiquement aux miennes. Saluts, applaudissements, sonnerie et claquement des portières de la rame, le métro démarre, je suis épuisé.

Les mouvements réguliers du wagon sur les rails me bercent. Sur le siège orange, assise en face de moi, une très belle femme me regarde avec insistance et bienveillance. Sans qu'elle ait besoin de se présenter, j'ai compris quelle était l'éternité de mon rêve. Un sourire accroché aux lèvres, elle s'est penchée vers moi, m'a parlé tout doucement à l'oreille « T'as cru en moi, hein ? Pauvre con, j'existe pas ! » et elle s'est évanouie dans l'obscurité du tunnel. J'ai eu beau marmonner en boucle la phrase que tous les philosophes de la télé prononcent d'un air mystérieux « Aujourd'hui est le premier jour du reste de ta vie », ça ne m'a pas aidé. Je me sentais vieux, à bout de souffle, déprimé. Aujourd'hui est une longue file de derniers jours.

J'aurais bien aimé que mon père me dise comme celui de l'artiste chinois Wei-Wei « Tu es ici chez toi. Tu n'es pas obligé d'être si poli. Fais ce que tu as envie de faire. » Quand je parle à ma mère des difficultés de mon métier, elle me répond que la vie n'est pas un chemin tapissé de pétales de roses « Un petit sacrifice chaque jour. Tu verras, on s'habitue. », et elle me conseille de mettre une pierre à la place de mon coeur. Je n'y arrive pas. J'ai le coeur mou, tout mou.

« Plus la peine de se présenter rue Brancion. A présent tout passe par le Net. Faut être moderne ! » m'a lancé en coup de vent un copain sur le trottoir de la place de la République. C'est vrai qu'il a l'air dans le coup mon pote avec son jean rapiécé et ses godasses à bout de souffle. Ce soir, en rentrant de la représentation, aucun souvenir, je me glisse dans la chambre de mon plus jeune fils qui dort à poings fermés, j'allume son ordinateur portable. En travers de l'écran, apparait un énorme « You've Won ! », dernier verdict de la guerre qu'il a dû mener toute la soirée contre des monstres et des zombies. Dans le moteur de recherche, je tape "casting comédiens", et tombe sur un lien. "Le producteur est en réunion", drôle de titre pour un site de casting. Je coche l'onglet "Comédien, 40/50 ans", une liste impressionnante d'offres d'emploi apparait à l'écran. Génial.

« Recherche comédien, profil populaire capable de jouer un rire fort et communicatif. Un jour. Un cachet. Merci d'envoyer un enregistrement du rire en pièce jointe. Recherche homme possédant voiture pour le vendredi 4 mai à Roissy. 15 euros pour la voiture. Recherche comédien vendéen pour doublon de date. Être à l'aise avec les chiens-loups. Montage et démontage du décor. Accent provençal exigé. Recherche, pour tournage à Loudun, homme 50 ans, corpulent, n'ayant pas peur de chanter, permis poids lourds obligatoire. Recherche homme capable de jouer ou de faire semblant de jouer du violon. Rémunération au pourcentage. Recherche comédien avec matériel de pêche pour le lundi 23 avril au bois de Boulogne. Photo de vous et de votre matériel dans le corps du mail. Recherche, pour film corporate contre l'arthrose, comédien noir, type ancien sportif, en léger surpoids. Recherche, pour la célébration des 90 ans qu'aurait eu Gérard Philipe, homme lui ressemblant fortement. Le timbre de voix est un plus. Recherche rôle récurrent, le héros, doit avoir un défaut physique apparent qui saute aux yeux : gros nez, très petite ou très grande taille, il acceptera d'apprendre à monter sur des échasses. Recherche hommes pour représenter la communauté portugaise, des joueurs de pétanque, des ouvriers de chantier. Tournage, un jour entre le 5 juillet et le 30 août sur Gonesse. Recherche jumeaux, silhouette. Il est impératif que les yeux ne soient pas bleus. Recherche trois hommes ayant vécu dans la rue, avec des gueules exclusivement, pour jouer des prisonniers, une demi-journée de tournage. » Et la liste continue, interminable. A côté de moi, mon fils dort, le visage lisse et calme comme celui d'un ange. Pourquoi devons-nous quitter l'enfance ? Un baiser sur le front de ma merveille qui ne se doute de rien. Eblouissement ! J'éteins l'ordinateur, je sors de sa chambre sur la pointe des pieds. J'étouffe.

Ce soir nous jouons devant un public de province monté à Paris pour se distraire. Toutes les occasions de rire, ils les prennent et les embrassent comme du bon pain. On a beau tenter de ne pas trop alimenter leur voracité, ils sont affamés. Quelle fatigue ! La sensation d'être une souris face à un énorme chat tapi dans l'ombre, à chaque réplique un petit coup de patte. Nous ne reconnaissons pas la pièce. Pourtant les mots, la situation, les costumes, les lumières, les acteurs, la mise en scène rien n'a changé… sauf le public. A la fin du spectacle, je rejoins mes partenaires. Sagement alignés derrière le rideau rouge, nous nous donnons la main en attendant le verdict. Applaudissements à tout rompre. On a même eu droit à des bravos lancés à tue-tête comme dans l'émission "Au Théâtre ce soir" que je regarde de temps en temps sur le Net.

Après la représentation, un ami comédien m'attend. La tête qu'il fait, « Mille ans qu'il n'a pas joué ! » voilà ce qu'il me confie. Qu'est-ce que j'y peux ? Ils ne vont quand même pas tous défiler jusqu'à la dernière pour me filer le bourdon.

- Je crois qu'on s'est lancé dans une aventure qui nous dépasse.
- Tu veux dire, un truc trop gros pour nous ?
- Oui, oui, exactement.

Après un long moment de réflexion, son regard perdu dans le vague, il m'a dit cette phrase dont je n'ai pas tout de suite compris le sens :

- Qui avale une noix de coco doit avoir confiance en son anus.

Lundi. Repos. Je repense à la phrase de mon copain.

Est-ce qu'il voulait me dire que je devrais avoir confiance en ma capacité à digérer et expulser ce que je vis depuis 25 ans ? Michel Bouquet exprime presque la même chose quand il écrit « Le malheur est une chose nécessaire. Si on ne bénit pas le malheur, on ne peut pas faire de l'art. » Mais bon, c'est le genre de phrase qu'on peut dire uniquement quand on est en haut de l'affiche. Je ne vois pas un figurant annoncer solennellement à ses collègues, « Camarade ! Le malheur est une chose nécessaire ! Si nous ne bénissons pas le malheur, nous ne pourrons pas faire de l'art ! »

Tranquillement installé devant mon téléviseur, une canette de bière à la main, mon téléphone dans l'autre, j'attends qu'on m'appelle pour du boulot. Il y a vingt ans, quand j'ai commencé le métier, j'attendais parfois une journée entière à côté de mon téléphone pour ne manquer aucun rendez-vous. Puis le téléphone a perdu son fil. Au début j'ai trouvé cela formidable, je l'avais toujours sur moi, jusque dans les WC. Aujourd'hui, mon portable me suit partout. Douze mois sur douze mon métier est dans ma poche, ou plutôt l'attente, l'angoisse de mon métier. Depuis dix ans, je suis connecté nuit et jour, 7 jours sur 7. Pour quel résultat ? Parfois, j'ai envie de lui coller un coup de marteau, y foutre le feu à cette maudite poche que je caresse amoureusement toute la journée pour qu'elle sonne.

Un copain m'a avoué que de peur de louper un casting, il avait répondu à un coup de fil pendant qu'il faisait l'amour avec sa femme : c'était un mec qui voulait lui vendre des fenêtres. Justement mon agent m'appelle.

- Bientôt la fin, pas trop les chocottes ? Maintenant vous allez venir à l'agence pleurer dans mes jupons.

- Georges...

- Victor, tout le monde s'en fout du théâtre, surtout moi, je touche des clopinettes sur votre rôle. Aujourd'hui jouer ne sert plus à rien, un petit plaisir de rien du tout !

- Mais Georges, j'ai quand même fait le Conservatoire National Supérieur d'Art Dramatique !

- Arrêtez de me faire chier avec votre Conservatoire National ! Ça fait vingt ans que vous trainez ce boulet derrière vous. Vous allez être un ancien élève du Conservatoire National toute votre vie ? J'aurais préféré que vous présentiez la météo à Canal, un bêtisier sur W9, je ne sais pas moi, montrez-vous à poil aux Césars ou faites de la cuisine ! Regardez le mec sympa de Top Chef, ça y est, il est sur les planches, "One man-show Patates" ! Allez le voir, il est formidable. Il faut créer l'évènement Victor, le seul truc qui compte c'est votre surface d'exposition médiatique, devenez bankable !

- Vous voulez dire, faire n'importe quoi à la télé ?

- Bien sûr ! Inventez un concept, filmez-vous et balancez tout sur Internet. Ecrivez un livre !

- Un livre, pour raconter quoi ?

- Ce que vous voulez ! Je ne sais pas moi, votre enfance violée ou le suicide de votre frère.

- Mais je n'ai jamais été violé, et mon frère est vivant !

- On s'en fout, qui parle de vérité ? N'oubliez pas ce qu'a dit Guy Debord « Le vrai est un moment du faux. » Menteur, c'est votre boulot, non ?

- Mais Georges…

- Vous allez vous marrer Victor, l'autre jour je pensais à vous pour un truc.

- Pour un film, une pièce ?

- Pas vraiment. Je me suis dit que si vous tuez quelqu'un, avec les remises de peine vous sortez dans dix ans, vous écrivez un bouquin, et une magnifique carrière de méchant s'offre à vous.

- Pardon…

- Soyez honnête, votre existence est une prison sans aucune chance de vous en tirer. Alors que si vous purgez une véritable peine, à votre libération on fait un film sur votre expérience en taule, je mets le paquet sur vous, attachée de presse, on paie un journaliste, dernière page de Libé, et hop, par ici la gloire ! Le truc classique quoi.

- Non, mais ça va pas !

- Je plaisante Victor, je plaisante. Ceci dit les temps ont changé, aujourd'hui, le héros c'est le méchant. Le gentil, ça n'intéresse plus personne, au mieux c'est un con. Allez ne flippez pas trop, essayez d'être léger, et surtout faites nous rire ! Regardez, y a plus que des rigolos en haut de l'affiche. J'aime bien les rigolos. Quand on signe un contrat, y a pas plus sérieux, pas plus méchant qu'un rigolo. De vrais chiens, ils vendraient père et mère. Mais ils ont raison, les gens

veulent rire, vous vous êtes triste. Quand vous me

téléphonez j'ai l'impression d'être votre psy. Arrêtez de me parler de "Théâtre", travaillez votre événementiel, n'importe quoi, je m'en fous, je veux un événement, sinon je vous vire.

Et il a raccroché. Deux minutes plus tard, le téléphone sonne.

- Georges ?

- Non, c'est Gérard. Je vous appelle de la part de Laurence L.

- Oui, bonjour.

- J'ai du travail pour vous.

Mon coeur se met à battre le double de pulsations que la seconde précédente.

- Cet été.

Je serre les poings. Je tiens ma revanche.

- Soixante-quinze cachets.

Mes ongles s'enfoncent dans les paumes de mes mains. À moi la gloire !

- Le rôle ?

- Principal. Un seigneur Breton qui revient de la guerre de cent ans. Vous êtes libre ?

- Attendez, je regarde mon carnet.

- Du quinze mai, à fin août.

- Oui, oui, deux, trois trucs à décommander, et je suis libre.

- Parfait. Alors voilà, c'est un spectacle sur le Moyen âge. Vous savez monter à cheval ?

- Bien sûr !

- Avec une armure ? Ah, j'ai oublié de vous dire, nous travaillons à l'ancienne : vraies armures, vraies épées...

- D'accord.

- Vous savez vous battre à l'épée ?

- Oui.

- A la massue ?

- Oui.

- Et au fléau ?

- Au fléau ? Heu… oui.

- Parfait, je crois que nous nous sommes tout dit.

- Mais, pour le… contrat.

- Le contrat ? Ah oui, onze euros par représentation.

- Quoi ?

- Je sais, c'est peu, mais n'oubliez pas qu'il y a six spectacles par jour !

- Pardon ? !

- Ce qui fait quatre cent cinquante représentations en deux mois et demi. Evidemment, je vous les regroupe en gros cachets, ce qui vous donne droit aux Assedic pendant un an au taux maximum. Un sacré pactole ! La première représentation commence à neuf heures précises, et on finit vers vingt-deux heures. Le camping municipal est à deux pas de la plage, on se croirait au club Med. Qu'est-ce que vous en pensez ?

Je rentre sur scène, je me fous un coup de marteau sur la tête, je me fais péter les arcades, que ça pisse le sang, que ça éclabousse les spectateurs, qu'ils se disent "Quel artiste ! " Mon agent a raison, dix ans de prison sont vite passés, c'est décidé je vais tuer les rôles principaux, comme cela je ferai les gros titres. Quand on est au fond du trou et qu'une main se tend, peu importe que ce soit celle du diable.

Dans cinq minutes je tue mes partenaires. Dans cinq minutes je suis une star. Elles ne sont pas très connues, mais ça fera l'affaire. « Un acteur égorge ses deux collègues en pleine représentation ! », c'est ce que diront les journaux. Ça devrait donner un coup de fouet à ma carrière, et au métier également. Les vedettes vont enfin se méfier des figurants, désormais ils auront peur de nous. Faire peur, il n'y a plus que cela qui paie. Je sors de ma loge, je descends les escaliers, je passe devant l'habilleuse, je repasse devant l'habilleuse. Sourire de miel.

- Bonsoir Gladys... vous allez bien ?

N'en fais pas trop Victor. Tapi dans les coulisses, je regarde les rôles principaux enchaîner leurs répliques. Dire que dans trois minutes je vais être célèbre.

Bercé par les mouvements réguliers du métro, je somnole. Après les saluts et les applaudissements, mes partenaires riaient de bon coeur dans les coulisses. Elles ne savent pas à quoi elles ont échappé. « Je l'ai fait, parce que je ne savais pas que c'était impossible », voilà ce que j'ai dû penser quand à 20 ans j'ai décidé d'être comédien. Certains soirs j'ai l'impression d'être à la fin de la phrase, exactement au dernier mot.

La semaine est passée sans événement majeur. Le public est revenu, le producteur est content, nous sommes heureux, chaque soir nous avons joué devant une centaine de spectateurs qui ont eu l'air d'apprécier. Mais je n'oublie pas que dans quelques semaines, je serai au chômage. Alors toute proposition de travail est bonne à prendre. Ce matin, réveil : 5h. Je file vers la Gare-Montparnasse-Tgv, direction Macon-Loches. 8h30, la tête un peu mâchée, j'arrive dans le hall en marbre d'une entreprise de conserves de légumes et de salades en sachet. Ma mission, « Improviser des jeux de rôles pour entrainer les standardistes du service réclamation à comprendre le niveau d'exaspération des chefs de rayon de grande surface quand ils attendent depuis des heures un conteneur de 2000 sachets de salades perdus sur les routes de France. » Ouf.

Les pauvres femmes se font hurler dessus toute la journée par des hommes au bord de la crise de nerf. Ils les traitent d'incapables, de connasses, de salopes, de poufiasses, ce sont les propres mots des standardistes. Résultat, elles sont toutes en arrêt maladie.

Aujourd'hui, je suis accompagné d'un formateur, Roland. C'est un drôle d'homme, il est "Happy" de travailler avec un comédien, c'est ce qu'il m'a dit dans le train en découvrant une rangée de dents impressionnante. Ça m'a fait peur.

En début de séminaire Roland déclare avec solennité aux standardistes qu'il est directeur associé et co-fondateur de Direct-Argu. Elles savent donc qu'en fin d'année, il empoche un chèque avec quatre zéros : silence total. A notre époque, dès qu'il y a quatre zéros, les gens s'inclinent. On est loin de mai 68 où le plus important était de savoir si sa jambe droite était plus souple que sa jambe gauche.

Pour me faire plaisir, Roland me présente :

- Et voici Victor, le comédien fétiche de Direct-Argu !

J'ai honte, une honte énorme. Toutes ces années d'études au Conservatoire à travailler Alceste, le Roi Lear, Le Cid et Hamlet, pour atterrir dans une entreprise de conserves de légumes et de salades en sachet, perdu au milieu des champs de betteraves. Roland, hilare, m'a demandé d'arborer une casquette ornée d'un énorme logo "Client" brodé en rouge vif. A regret, je lui ai obéi.

Après une heure de formation sur les différentes typologies d'hommes en colère et leurs motivations profondes, juste avant que je n'intervienne, Roland, après m'avoir fait un clin d'oeil complice, a lancé aux standardistes en claquant des doigts façon crooner, « Enjoy your training Girls ! » Au petit déhanché que son pubis a effectué de gauche à droite, j'ai compris que c'était un effroyable crétin et que jamais, de toute ma vie, je ne pourrai le comprendre.

J'ai passé ma matinée à engueuler des femmes tremblantes de trouille, à les traiter de bonnes à rien incapables de retrouver ce container rempli de 2000 sachets de salades en train de pourrir sur les routes de France, puis, vers midi, j'en pouvais plus, à court d'argument, je me suis lâché ; « Salopes, poufiasses, connasses... sales putes ! »

Dans leurs yeux effrayés, je vois bien qu'elles sont impressionnées par ma capacité à incarner si facilement des clients d'absolue mauvaise foi, et quoiqu'elles disent, inventer toutes sortes de raisons pour les agonir d'injures. Elles ne comprennent pas comment, nous les comédiens, nous nous glissons avec autant d'aisance dans l'imaginaire d'autres personnes. Elles ne savent pas que nous y sommes plus tranquilles, plus légitimes, que dans nos propres vies.

Le plus terrible c'est que même dans ces bureaux anonymes, à 300 km de Paris, au milieu de champs de betteraves, j'ai du plaisir à jouer, beaucoup de plaisir et, comme m'a demandé Roland, j'en profite, je mets le paquet. Ce n'est pas tous les jours que j'ai l'occasion d'observer le résultat de mon jeu directement dans l'oeil du spectateur assis en face de moi. Ma standardiste chérie, excuse-moi, le combat est inégal. C'est trop bon ! Vainqueur à chaque round, Victor.

Au déjeuner, pas rancunières, les stagiaires, ravies de voir un comédien "en vrai", se sont toutes mises à ma table. Elles m'ont questionné sur mon métier, demandé de leur raconter des anecdotes. Je leur ai répondu de bon coeur, comme à des journalistes réunis pour l'interview d'une grande star. Tout le monde était content. 15h30, la journée traine en longueur. Après avoir fermé la porte derrière la dernière standardiste revenue de "la pause pipi réglementaire",

Roland s'est retourné et a gueulé à travers la salle :

- "On" est un con, puisqu'on ne le connait pas ! Et en plus il se balade toujours avec deux copains "Yaka" et "Faukon" ! »

La salle entière a frissonné de peur.

Je n'en peux plus, je vieillis, mais en moi Hamlet, Alceste,

Le Cid et Le Roi Lear, sont toujours aussi jeunes, et ils me parlent, et je continue de me réciter leur monologue avec la même intensité, la même passion. En même temps, je m'accroche à ces improvisations en entreprise, et surtout à ma phrase que je vais dire ce soir sur la scène du théâtre. Cette phrase qui me fait vivre et me rassure, je m'y cramponne de toutes mes forces comme si c'était mon plus beau rôle, la plus belle tirade de tout le répertoire. Je repousse du pied Hamlet, Alceste, Le Cid et Le Roi Lear, ces ingrats qui ne veulent pas de moi. Salauds, vous êtes les responsables de mon malheur !

La journée se termine. Roland prononce la formule magique : « Mesdames, c'est l'heure du Gonogo. »

Je sais, on dirait le titre d'une pièce de Shakespeare. En fait cela signifie, « To go, or not to go. Je prends l'affaire ou je la prends pas ». À présent, je somnole, avachi dans un fauteuil, au fond de la salle. 18 heures, c'est fini, Roland, grand seigneur, s'approche de moi, et sous les regards admiratifs des secrétaires, assène, un peu fort, pour me réveiller:

- « Victor, je te libère ! »

Effectivement, cinq minutes plus tard, je sors de l'entreprise, et marche sur le trottoir comme un prisonnier de centrale retrouve l'air libre avec délice. Je fonce vers la gare prendre mon train, direction Paris, direction le théâtre. Direction ma phrase.

Ce soir, je suis bloqué, impossible de me lever et de sortir de ma loge, je suis collé à ma chaise face au miroir. Mon visage continue de sourire, je n'arrive pas à lui décoller ce sourire d'abruti, on dirait Joker dans Batman. Qu'est ce qui m'arrive ? Je téléphone au 15, puis au 18 : « Allo, les pompiers, le Samu ? Venez m'aider à rejoindre la scène, je n'y arrive pas, je n'y arrive plus ! Messieurs les pompiers, j'ai besoin de gagner ma vie, j'ai des enfants à charge ! Ma voisine vous a appelés pour aller chercher son chat bloqué dans un arbre. Vous pouvez vous déplacer pour moi. Ma vie vaut bien celle d'un chat ! »…

Je me réveille en sursaut. Putain, je me suis assoupi, la pièce est déjà commencée, vite mon costume !

« Être ou ne pas être, c'est là la question. Y-a-t-il plus de noblesse d'âme à subir la fronde et les flèches de la fortune outrageante, ou bien à s'armer contre une mer de douleurs et à l'arrêter par une révolte ». Si je me récitais le début d'un monologue connu juste avant d'entrer en scène, peut être que cela m'aiderait à trouver le ton juste pour ma réplique ?

Je dévale les escaliers. Comme chaque soir, Gladys me regarde d'un oeil vague. Je la salue en miaulant : la tête qu'elle a faite ! Un jour, je lui claquerai un baiser sur la bouche juste avant d'entrer en scène, c'est juré. Allez, à fond la caisse, première, deuxième, troisième puis quatrième intervention, ma partenaire me lance « Elle ne veut pas sortir ! », du tac au tac, je lui réponds « Ça lui passera ! »

Comme Steve McQueen avale la ligne droite des Hunaudières dans le film "Le Mans", je quitte précipitamment la scène, passe en trombe dans les coulisses devant Gladys éberluée, escalade les marches des escaliers quatre à quatre, me jette dans ma loge, referme la porte derrière moi, m'assois face au miroir : j'ai battu mon record. Plus court, ce n'est pas possible. Je regarde la lucarne. Si quelqu'un dans le ciel s'arrêtait juste au-dessus du théâtre, il pourrait me voir, et nous parlerions.

- Bonsoir.

- Bonsoir.

- Puis-je savoir ce que vous attendez ?

- Je viens de dire une phrase devant deux cents personnes assises dans le noir, et je me prépare à en dire une autre…

cette fois-ci des coulisses.

- Etrange. Est-ce difficile ?

- Oui, très.

- Faut-il faire beaucoup d'études pour effectuer ce travail ?

- Ho, oui, cinq ans ! Puis il faut tourner les phrases dans sa tête des milliers de fois, jour et nuit, parfois même en faisant l'amour. C'est ce que je fais.

- Bien, bien, alors je vous souhaite une bonne soirée, et de bonnes phrases.

- Merci. Bon voyage. Je partirais bien avec vous.

Après la représentation, un copain qui ne joue, comme moi, que des petits rôles, m'a invité à boire un coup. Je le sentais déprimé, mais au moins, il ne m'a pas dit « Ce rôle, c'est bien pour toi ». Comme d'habitude, j'ai beaucoup parlé et il m'a écouté. Avant de quitter le café, il m'a avoué qu'il laissait tomber le métier :

- Le plus sage c'est de se résigner, vivre tranquille, même si c'est pour être un con jusqu'à la fin de sa vie.

J'ai failli lui répondre qu'on pouvait faire ce métier et être un con, mais dans ma tête une voix aurait ajouté « La preuve, moi. » Alors je me suis tu. Il parait que grandir c'est dompter ses voix intérieures ; mission accomplie. Nous avons marché vers le métro.

- Qu'est-ce que tu comptes faire ?

- Etudes de lettres, puis j'espère une place dans une Alliance française, je veux m'éloigner le plus loin possible.

- Et ta femme, elle n'a pas encore envie de jouer ?

- Tu parles, elle étouffe autant que moi ! Elle va reprendre "Pharmacie". Partout on a besoin de pharmaciens, c'est un vrai métier, alors qu'acteur…

La pluie s'est mise à tomber, une pluie froide et fine, presque invisible. J'avais l'impression d'assister à un enterrement. Pourtant, je le sentais fort mon copain, bien vivant, et j'aurais tellement aimé avoir son courage. A l'abri de son parapluie, nous sommes arrivés au bord de la bouche de métro, nous nous sommes arrêtés, et là il m'a dit :

- C'est le plus beau métier du monde si on lutte pour qu'il le reste. Je crois que notre génération a arrêté de lutter, elle a laissé les metteurs en scène prendre le pouvoir, c'est fini ils ne le lâcheront plus. A la télé, aujourd'hui, un plan c'est en moyenne trois secondes. Tu vois, n'importe quel réalisateur transforme n'importe quel crétin en acteur potable. Tu te souviens de l'effet Koulechov.

- Non, c'était quoi déjà ?

- On filme le visage d'un acteur impassible, on insert un plan de femme nue, puis son visage, le même, puis un plan de poulet rôti, son visage encore, puis un plan de macchabée, on mixe le tout : résultat, le spectateur a l'impression que l'acteur joue le désir, la faim, la tristesse, alors qu'il ne joue rien.

Nous sommes restés quelques instants immobiles en haut des marches de la station de métro, comme en équilibre au bord d'un gouffre.

- Avec ma femme on a passé notre temps à attendre. On n'est pas les seuls, beaucoup de nos copains abandonnent le métier. Cinquante balais ! Bien sûr on a joué un petit peu, mais, j'te jure, on a surtout passé nos vies à attendre et espérer, quel gâchis. Quand on a de mauvaises cartes, mieux vaut quitter la table tout de suite, tu ne crois pas ?

Pour une fois, je n'ai pas souri.

- J'aurais tellement aimé être au coeur de l'aventure, mais je suis toujours à la marge, comme toi. J'ai froid, tu comprends, j'ai le coeur glacé. Je vais aller chercher de la chaleur autre part, n'importe où, de la chaleur, loin de la "famille".

- La "famille", tu parles !...

- Tu te trompes Victor, la famille ce n'est pas seulement l'amour, la solidarité, c'est aussi la jalousie et les coups-bas, parfois même très bas. Tu te souviens du film Festen ? Voilà, le monde du théâtre et du cinéma est une belle et grande famille, avec tout l'amour nécessaire pour que toutes les douleurs, les peines et les blessures restent enfouies profondément.

Je ne savais plus quoi dire, lui non plus d'ailleurs. On est resté silencieux au milieu du flot des passants, comme deux cailloux abandonnés dans le lit d'une rivière.

-Tu vois, je ne suis même pas triste, ce métier a fini par bousiller mon chagrin. Quelle saloperie.

Il m'a regardé fixement droit dans les yeux :

- Victor, t'as eu raison d'accepter ce petit rôle, j'aurais fait pareil, c'est un mauvais moment à passer.

J'ai baissé la tête.

- Aie confiance, t'es encore vivant, toi. De belles choses t'attendent.

J'ai senti un sanglot gonfler ma poitrine. Mon copain m'a serré dans ses bras, je me suis laissé faire sans rien dire.

Je crois que j'ai fermé les yeux. Il a murmuré :

- Je te trouve très bien, vraiment.

- Merci.

- À l'intérieur de toi ça bout, ça se bagarre. Arrête de jouer comme si tu allais changer la vie des spectateurs, accepte d'être en scène que quelques minutes, sinon tu vas t'abîmer. Il y en a mille qui voudraient être à ta place. Ne te bile pas, déguste, déguste...

- T'es gentil.

- Et après, t'as quoi ? Autre chose, je veux dire un autre boulot à coté ?

- Non, rien.

- Alors, bon courage mon vieux.

- Merci. Toi aussi.

Et il est parti. Je suis resté quelques instants, immobile sur le trottoir. Je n'avais plus de parapluie, j'ai marché au hasard en slalomant sous les auvents des cafés de la place Mouffetard. Toute la tristesse de la ville m'est tombée dessus avec cette première pluie froide de l'hiver.

Lendemain. R.A.S. La représentation s'est bien passée. Dans le métro, le temps de mes quinze stations, je somnole. Assis en face, trois hommes, un gros, un nerveux et un tout maigre, discutent joyeusement. Je les regarde.

Je suis toujours étonné par les gens, c'est plus fort que moi. Un homme, une femme, c'est impressionnant. Jamais je n'ai rencontré un homme, une femme qui ne soit pas digne d'être joué. Chaque personne rencontrée est un rôle possible. Les gens, je les envie pour ce qu'ils sont, tous se valent, un par un, car tous sont le personnage principal de leur histoire. Quand je suis en face d'une personne, je la regarde toujours comme s'il était le premier homme, ou la première femme sur terre.

Ce soir, j'aimerais avoir le gros ventre du premier. On doit se sentir bien avec un gros ventre pareil, ça doit rassurer, la vie est palpable, on en a la preuve devant soi. Je voudrais être lui pendant quelques instants. Je vivrais sa lenteur, sa difficulté à mettre un pied devant l'autre, adopter sa démarche hésitante quand il sortira du wagon.

A côté de lui le deuxième homme, le nerveux, regard déterminé. Sa jambe n'arrête pas de sauter sur place comme un ressort. Il serre les poings, habité par un sentiment intense, mystérieux, l'impression d'en vouloir au monde entier. Lui aussi je le jouerai. Serrer les mâchoires à m'en faire péter les gencives et les dents, juste pour voir comment cela modifie ma façon de penser.

Le troisième homme est tout le contraire, un peu fade, la tête enfoncée dans un bonnet rayé, comme les nains de Blanche Neige. Il baille largement, ses lèvres, sa bouche, esquissent un sourire constant. De toute évidence cet homme est bien sur terre, sa vie est belle. Doucement je me laisse couler avec délice à l'intérieur de mon corps : sans effort, je suis lui.

Voilà, je me suis mis dans la peau des trois, j'ai ressenti la lourdeur, l'intensité, la langueur, et je me dis que je pourrais m'en servir. C'est ma barre à moi, mes étirements, comme les danseurs ou les chanteurs font leurs gammes. Au contact des autres je me grandis, je me donne de l'air à l'intérieur, je respire, je sors de moi. Je regarde leur corps, l'équilibre de leur corps. La beauté ce n'est rien. L'équilibre, c'est ce qui compte le plus. J'essaie de travailler ce qui échappe, comment chacun se débrouille pour vivre, et je me prépare à le restituer le plus délicatement possible, sur scène ou devant une caméra. Ce rôle qui m'attend, quand il faudra le jouer, je serai prêt : c'est ce à quoi je m'entraine toute la journée.

Ce soir, mes enfants sont dans la salle, la honte est un peu présente en moi, mais pas trop. Je suis dans les coulisses depuis une bonne heure. J'ai hâte d'être en scène, je sais qu'ils écoutent le début de la pièce d'une oreille distraite, ils attendent que leur papa arrive. Encore quelques secondes dans le noir. Je ferme les yeux, je n'ai pas peur, j'ai envie de jouer, pour eux.

Dès que je suis entré sur le plateau j'ai senti leurs regards m'envelopper, c'était fort, c'était chaud, c'était beau. Quand j'ai embrassé le rôle principal sur la bouche, au deuxième rang ils ont frémi. Mes quatre interventions ont été parfaites.

En coulisses, j'attends avec angoisse le moment de rejoindre mes partenaires pour les saluts. Ouverture du rideau. Lumière ! Eblouissement. C'est fait, je remonte dans ma loge. Le sourire du petit pendant les applaudissements, une merveille, quel bonheur. Tout pour eux, malgré la honte. De mes trois enfants, aucun ne m'a dit « tu as un petit rôle ».

Avant de s'endormir, le plus jeune m'a chuchoté à l'oreille :

- Papa, c'est l'histoire d'un homme qui embrasse deux femmes.

- Oh, oui mon amour.

Expliquer à mes enfants pourquoi je passe en coup de vent à l'arrière-plan d'un film, pourquoi c'est souvent moi qui prend une rafale de revolver automatique, et pourquoi je ne gagne jamais à la fin de l'histoire, a été la mission la plus dure de ma vie.

- Papa, c'est quoi ton métier ?

- Acteur, mon chéri.

- Oui, je sais ! Mais pourquoi ce n'est pas toi le héros ? Hein, dis papa, pourquoi tu meurs si vite ?

- Mon amour, je…

Impossible d'expliquer ce métier. Profession fantôme.

Encore une semaine passée en coup de vent, et toujours la même pensée qui colonise mon esprit depuis deux semaines « Il faut que je me prépare à ma future existence de demandeur d'emploi ». Les nouvelles ne sont pas très rassurantes. C'est ce que me dit l'Adami, la société civile pour l'administration des droits des artistes, dans sa "Lettre d'information". Je viens de la recevoir ce matin dans ma boite mail. Il parait que depuis vingt ans les salaires des petits rôles ont baissé de moitié en raison de l'envolée des rémunérations des premiers rôles, qu'une majorité de comédiens gagnent moins de 600 euros par mois, que le chômage des artistes augmente, qu'une trentaine de personnes toujours les mêmes tiennent le haut de l'affiche, et que les retraites sont à la limite de la honte.

Pour braver le diable, mettre toutes les chances de mon côté, j'ai décidé d'aller à la rencontre du métier.

Première de "Minetti" de Thomas Bernhard au Théâtre de La Colline, dans les gradins toute la crème de la profession. La pièce consiste en un long monologue, où le rôle principal joué par M. Piccoli, 85 ans, est interrompu par des personnages qui passent, disent un mot, une phrase, parfois ne disent rien du tout, juste un rire, puis sortent directement en coulisse. Au milieu de la pièce, un comédien a traversé le plateau en diagonale, s'est arrêté face public, a haussé les épaules, avant de sortir de scène. Aux applaudissements, il saluait la main sur le coeur, comme si la pièce entière reposait sur ses épaules. Quel artiste ! Ce gars-là est encore plus fort que moi.

Au fond du décor, derrière un comptoir, un majordome tourne lentement les pages d'un grand livre. Au bout de dix minutes, Piccoli se dirige péniblement vers lui, et demande « Par hasard, vous n'auriez pas quelque chose pour moi ? » Le majordome acquiesce, murmure quelques mots mystérieux à l'oreille du vieil acteur qui réfléchit, puis reprend péniblement son monologue. Dès le deuxième « Par hasard, vous n'auriez pas quelque chose pour moi ? », la salle entière a compris que le comédien affublé du costume de majordome est uniquement là pour souffler le texte de l'ancienne gloire qui a des trous de mémoire vertigineux.

On le voit se débattre avec des mots qui arrivent dans le désordre, ça ne veut plus rien dire, et à présent neuf cents personnes tétanisées dans le noir redoutent le prochain « Par hasard, vous n'auriez pas quelque chose pour moi ? » Vers le milieu du spectacle, au moment où le majordome lui murmure pour la dixième fois son texte, Piccoli s'est énervé et a gueulé « Pas si fort ! Ça va, j'le sais ! Merde, j'suis pas sourd ! ! »

Le majordome est resté de marbre, je crois même qu'il

a souri. Jusqu'au noir final, malgré les jérémiades et les insultes de la star branlante, il a continué de lui souffler son texte, puis très digne, il est venu saluer. Je l'ai applaudi à tout rompre. J'ai enfin trouvé mon maitre : le rôle principal, pour moi, c'est lui.

Après la représentation, une foule d'artistes, metteurs en scène, assistants, décorateurs, attachés de presse, et surtout des comédiens et comédiennes la plupart au chômage, déambule autour d'une table garnie de chips, d'olives, de tomates séchées et d'un mélange de cacahuètes. Je regarde mon héros, il est entouré d'une vingtaine de copains qui le félicitent chaleureusement. Je suis content pour lui. Sincèrement. Tous se congratulent, s'embrassent, ravis semblentils de partager cette glissade vertigineuse dans le vide de ce métier. Je les comprends, ensemble on a moins peur.

Ce soir, nous sommes tous à la recherche de la poignée de main qui nous empêchera de tomber. Je suis là, poignée de main, j'ai besoin de travailler, poignée de main, j'existe, je suis vivant, poignée de main. Nous nous accrochons les uns aux autres. Moi aussi je serre des mains, je demande des nouvelles « Tu travailles ? Formidable ! Avec qui ? Un rôle ? Bon courage ! », et je finis par l'inévitable « Combien de cachets ? » J'en ai ma claque de ces saloperies de cachets, comme si nous essayions tous de guérir d'une maladie grave.

À l'intérieur, une petite voix me murmure « Victor, fuis, ne te retourne pas. Fuis ! » Mais je ne peux pas, aucun de nous ne peut. Je vais continuer ainsi jusqu'à ma mort, sourire jusqu'à ma mort, avec cette même angoisse, ce même dégoût, mais cette même nécessité qui me tient debout. Il y a de quoi devenir fou, d'ailleurs, mon principal travail est d'essayer de construire un rempart contre la folie.

Bien sûr je souffre, et j'ai froid, mais je suis équipé.

Petit à petit, sans m'en rendre compte, je me suis équipé pour être toujours prêt à entrer en scène, prêt à attendre des heures entières à côté du téléphone en espérant décrocher des essais pour n'importe quelle pièce, n'importe quel film, n'importe quel personnage, présent à toutes les projections privées, toutes les premières de la saison théâtrale, jusqu'à la plus petite lecture au fin fond d'une banlieue pour serrer la main d'un metteur en scène, la peur au ventre, la gorge nouée. J'aurai envie jusqu'à ma mort, je serai loyal jusqu'à ma mort.

Pour survivre, je m'agite, je fais du bruit. Depuis quelque temps on dit du Buzz. Je fais des photos, je change d'agent, je refais des photos. Je monte une bande démo de mes apparitions au cinéma ou à la télé, une sorte de long-métrage de moi dans différents rôles, différents costumes, que je poste sur Viméo. Bien sûr, je me suis construit un site Internet, un petit nid douillet où je retourne chaque soir pour peaufiner mon profil, mon bon profil. Je suis présent sur Facebook, Twitter, Talent.me, Linked, Viadeo. Comme la majorité de mes collègues, j'ai fait un beau paquet avec un cadeau minuscule à l'intérieur : moi. J'ai la panoplie du comédien, mais le suis-je encore vraiment ?

Un matin, j'ai reçu un coup de fil de Bruce Willis, trois phrases plus tard c'était plutôt Forest Whiteaker, à la fin de la conversation, j'ai entendu distinctement Donald Sutherland. C'était l'acteur qui double toutes ces stars qui me demandait de venir faire un bout d'essai dans un studio de la banlieue parisienne. Désormais, Bruce Willis, Forest Whiteaker, et Donald Sutherland m'appellent quatre fois par an, toujours ensemble, pour faire une voix de flic ou de truand, que je suis très content d'interpréter. Si je me trompe, je fais comme les autres :

« Pardon. Excusez-moi ! »

Les comédiens de doublage passent leur temps à s'excuser et à demander pardon. Au moindre bafouillis ils s'excusent. Je fais comme eux. Parfois j'enregistre des ambiances, des conversations en arrière-plan, un habillage sonore dont le spectateur ne doit comprendre aucun mot. Je m'amuse beaucoup, j'improvise, j'invente des petites histoires que personne n'entendra, je suis content, je bosse. Dans le studio, entre nous, il y a comme une fraternité des rescapés. Nous savons tous que nous sommes à l'extrême bord de ce métier, après, il n'y a plus grand-chose : le silence. Jouer le silence, j'en serais capable.

Une fois j'ai refait un soupir qu'un rôle principal avait oublié d'enregistrer. Jouer un soupir. Dit comme cela c'est très romantique, très « Les souffrances du jeune Werther »… mais quand tu es payé pour un soupir et qu'ensuite tu reprends le RER, tu es vraiment au bord du vide. Un millimètre de plus et tu tombes. Alors je me suis accroché à mon soupir, et, effectivement, c'est devenu le plus beau soupir du monde puisque je lui devais la vie.

Il serait plus sage d'arrêter. Je ne peux pas, aucun de nous ne peut, nous vivons sur notre lancée. Les rêves d'enfant ont une telle énergie qu'ils te propulsent directement jusqu'à la fin de ton existence sans arrêt possible.

23h. Plus de cacahuètes, plus de tomates séchées, plus d'olives, plus de chips, les tables sont vides. Je sors du théâtre. J'ai bien mangé, c'est le principal. Dans le métro, je ferme les yeux, je pose ma main sur mon ventre, je respire doucement. Je fais ça quand je suis ému, ça me calme. La colonne d'air. J'ai appris ça au Conservatoire National : respirer.

Il y a quelques mois, j'ai rencontré un réalisateur au café "Le Zeller" place du Châtelet. Quand nos regards se sont croisés, j'étais encore dans la rue. Je me suis arrêté, je suis entré, je me suis assis face à lui. Pendant presque cinq minutes, montre en main, il ne m'a rien dit. Je sentais bien qu'il me détaillait, qu'il m'observait, mais pour une fois il y avait quelque chose d'honnête dans ce regard, rien d'humiliant, rien d'agressif. J'ai laissé ses yeux courir sur mon visage, mes épaules, mes bras, mes mains. Je n'ai pas bougé. À un moment, il a murmuré :

- C'est bien.

Un peu de temps s'est écoulé, et il a ajouté :

- Oui, c'est ça. C'est exactement ça. Vous êtes exactement ce que je veux.

Je ne savais pas quoi lui répondre, jamais on ne m'avait parlé ainsi. Comme le personnage de Camille dans "On ne badine pas avec l'amour", ma vie entière était sur mes lèvres. De peur de le submerger, j'ai préféré me taire. Il m'a expliqué son projet, l'histoire d'un homme qui se réveille la nuit dans une ville de province, il ne se souvient de rien, il est perdu, et part à la recherche de son passé. Immédiatement, j'ai pensé à mon père, toujours en déplacement pour son travail, et qui, le soir venu, devait errer dans ces petites villes de province, alors que je l'attendais dans ma chambre de notre pavillon de banlieue. Oui, c'est une histoire qui aurait très bien pu lui arriver à mon père chéri, et d'un coup, devant la promesse de devoir jouer mon propre père, je me suis souvenu : allongé sur mon lit, des nuits entières, les yeux ouverts, à me demander ce qu'il pouvait bien faire dans ses "Séminaires" dont il me parlait, pendant des années j'ai attendu le retour de mon père.

Le réalisateur m'a redit son nom que j'avais oublié, et à cet instant précis j'étais convaincu que ce nom m'accompagnerait pour une étape importante de mon existence. Nous nous sommes quittés en nous serrant la main très chaleureusement. Voilà, je ne l'ai jamais revu. Mon métier, c'est cela aussi.

Dans mon lit, je pense « la puérilité ne m'intéresse plus, elle crée des peurs inutiles qui n'ont pas lieu d'être ». Seule la responsabilité de l'acteur, se mettre dans les meilleures conditions pour que le jeu puisse naître et s'épanouir, me semble digne d'intérêt. Personne ne peut le faire à notre place. Les metteurs en scène disent que c'est eux. C'est faux, nous seuls sommes responsables. Renoncer à cette responsabilité, c'est devenir un acteur obéissant, peureux, et sans présence.

Dernière semaine. A l'école, mon fils n'arrête pas de raconter que son papa joue dans une pièce où il embrasse deux femmes. Résultat, tous ses copains veulent venir au théâtre voir ce super héros rouler des patins à deux nanas. Comme je n'ai pas envie qu'ils se moquent de lui, j'ai dit que c'était plein jusqu'à la dernière. J'ai bien senti que mon fils était déçu, il est si fier de moi. Dans ma loge, j'attends. Ce soir, je me sens bizarre. Ce petit effort à faire juste pour vivre, avaler sa salive, respirer, regarder, écouter, penser, le minimum vital, je n'en ai plus la force, je n'y arrive plus. Je fixe mon visage dans le miroir, une minute, deux minutes, trois minutes.

Au milieu de mes premières rides, apparait, un peu floue d'abord, puis de plus en plus nette, ma tête d'enfant. Dans les yeux étonnés de cet enfant défilent des images, des émotions, des sensations, baignées d'une sensualité familière. La joie de mes soeurs le soir de Noël, leurs larmes quand je suis parti en internat et ma culpabilité dans la 2cv rouge qui filait vers ma nouvelle vie, les baisers de mes parents avant qu'ils ne divorcent, puis la peine de ma mère, son abattement pendant des années, sa lutte pour refaire surface, mon impuissance à l'aider, le regard victorieux de mon frère partant pour les barricades en 68, ma peur, ma détresse quand, tard le soir, il ne rentrait pas, l'incroyable transformation de mon père dès qu'il était en présence d'une femme, même quelques jours avant sa mort, les discussions politiques entre mes oncles le dimanche après-midi qui finissaient presqu'en pugilat, les yeux verts de la première jeune fille que j'ai embrassée allongé dans les fougères, l'odeur des fougères, le corps alangui de mes cousines endormies sur la banquette arrière de la 404 Peugeot en partance vers le camping municipal de Font-Romeu… tout ce monde dont je m'étais juré de parler quand je serais en haut de l'affiche. C'est avant tout de notre enfance, la beauté de l'enfance, même si elle a été malheureuse, dont nous, les acteurs, désirons parler à travers nos rôles. Lentement l'enfant a disparu, les rides de mon visage ont refaient surface, mon regard d'adulte également, et je suis revenu au présent, à ma phrase « Le taxi est garé un peu plus loin », et au miroir.

Pourquoi et comment toute cette vie, cette vie pleine et entière, a pu disparaitre de mon existence de comédien professionnel ? Pourquoi ai-je accepté de ne rien jouer ? Pourquoi ai-je accepté pendant toutes ces années d'être le porte-parole du vide ? ! Est-ce que tout cela a un sens ? Et si « Le sens brille au fond du risque » comme dit M. de Certeau, n'ai-je pas pris assez de risques depuis 25 ans ?

Mes mains, mes bras, mes jambes, ma poitrine, ma respiration se sont mis à trembler. J'ai tenté de m'accrocher à la table, mais elle aussi tremblait. J'ai eu peur que le miroir ne se brise, alors j'ai appuyé la paume de ma main dessus, pendant que dans le haut-parleur les rôles principaux continuaient de jouer la pièce. Je suis sorti dans le couloir, les murs tanguaient, je savais que dans quelques instants ce serait à moi de dire ma phrase. Pour ne pas manquer mon entrée en scène, accroché à la rampe, j'ai commencé à descendre l'escalier, mais les deux tremblaient de concert. Comme un alpiniste désescalade sans assurance une paroi vertigineuse, je suis arrivé sec et vide au bas de l'escalier. J'ai atteint les coulisses, ma base de survie. Gladys m'a regardé me poster derrière le rideau, condamné à mort attendant de passer sous la guillotine. J'ai respiré un grand coup, j'ai ravalé mon enfance, ma famille, mes souvenirs, mes espoirs, toute la beauté du monde, et je me suis avancé dans la lumière pour dire ma phrase : sans trembler.

Plus que deux représentations, le gouffre approche à grande vitesse. J'ai peine à croire que demain soir je serai au bord de ce gouffre, un pied dans le vide. Je regarde mon costume, suspendu à son porte-manteau, immobile sur le portant. Dans le haut-parleur les rôles principaux enchaînent leurs répliques. Tout à l'heure dans ce haut-parleur ma voix retentira, mais je ne serai plus là pour l'entendre. J'ai envie de me cramponner à mon siège, ligoter ce corps dans lequel je n'ai plus aucune confiance, voir si la pièce continue de se jouer malgré mon absence sur le plateau.

Première intervention. Quatre-vingt-dix représentations que je joue cette scène, quatre-vingt-dix jours que je prends le rôle principal par la taille, et que son justeaucorps en satin soyeux glisse sous mes doigts. Ce geste d'une grande sensualité, je l'ai fait quatre-vingt-dix fois sans jamais m'en rendre compte. Ce soir, le satin de son justeaucorps m'a troublé, j'ai failli oublier « Le taxi est garé un peu plus loin. » De toute façon, dans deux jours, la liberté. Plus je m'en fous, mieux je joue. Donner de l'importance à la pièce, au metteur en scène, au rôle, a toujours alourdi mon jeu. Il faut de la légèreté ! À l'avenir il faudra travailler uniquement dans la légèreté.

Un homme prend une femme dans ses bras, il lui murmure à l'oreille « Le taxi est garé un peu plus loin », cette femme suit cet homme dans ce taxi qui les emporte. C'est petit, un monde petit ; un homme, une femme, une phrase, une fuite enlacée, cela suffit pour créer le début d'une histoire. Mon histoire. Dans ma loge, j'attends. Tant de mots dans ma tête, et si peu de paroles sur scène, tant de désir dans mon coeur, et si peu de temps pour exprimer ce désir. C'est étonnant le nombre d'heures que j'aurai passées à me regarder dans le miroir. Dans un asile, je serais placé sans difficulté chez les psychotiques à tendance narcissique profond. Ce visage, est-ce lui qui me regarde ou est-ce moi qui le regarde ? Qui commence, où est le début des choses ? Ici, ou de l'autre côté du miroir ? En face de moi, mon visage bouge doucement, il se déplace sur la gauche, puis sur la droite, a tendance à s'échapper de l'endroit où il devrait être. Arrête Victor. Ça suffit, calme toi. La colonne d'air. Respire !

J'ai toujours pensé que j'étais le seul responsable de ce désastre, que je devais être coupable de quelque chose pour en être arrivé là. De mon passage au Conservatoire ce ne sont pas les meilleurs moments, ni les rencontres importantes, dont je me souviens. C'est mon caractère. De mon enfance, ce ne sont ni les caresses, ni les mots d'amour de ma mère qui me reviennent, mais une phrase qu'elle laissait échapper quand j'osais prendre la parole : « Arrête de faire ton intéressant. Pour qui tu te prends. Tu te crois plus intelligent que tout le monde ? » Dans cette Ecole Supérieure, les metteurs en scène avaient une telle importance, un tel pouvoir, que j'ai appris à traquer le faux, le laid en moi, pour devenir un homme neuf, une page blanche sur laquelle ils pourraient travailler à leur guise. Les créateurs c'étaient eux. Je pouvais me laisser aller à l'insouciance, ils se chargeaient du reste. De toute évidence, le théâtre n'avait plus besoin de moi, de mon passé.

Petit à petit mon jeu a perdu ses racines, et mon intuition d'acteur, cette force secrète qui m'animait depuis l'enfance, cette envie puissante qui m'avait poussé d'une manière irraisonnée vers ce métier à hauts risques, cet amour de la liberté, cette symphonie des sens ressentie sans effort dès mon premier pas sur scène, la conscience de vivre, et, juché sur les épaules des auteurs, mes géants, comprendre enfin que tout ce qui m'arrive est humain : tout cela au Conservatoire malgré quelques professeurs talentueux, a fini par se faner, flétrir puis disparaitre.

Ces trois années d'études, je les ai vécues comme un abandon, une trahison de ce que j'étais, de mes particularités, pour mieux rentrer dans le cadre : ces metteurs en scène à qui il faut plaire, ceux avec qui il ne faut surtout pas travailler, ces lieux prestigieux où il faut jouer, ceux qu'il faut absolument éviter.

Plaire, séduire, je n'avais pas les codes. Je me suis forcé. J'ai cru que je pouvais contraindre ma nature, la tordre. Je suis devenu habile, séducteur, calculateur, faussement rebelle, courtisan avec les forts, dur avec ceux que je pensais faibles. Plus grave, je suis devenu prévisible, obéissant, surtout j'ai cessé d'être étonné par la vie. J'étais persuadé que cette Ecole Nationale, et ses professeurs prestigieux, me permettraient de ne plus avoir à me salir les mains dans « la matière du monde ».

Aujourd'hui, épuisé, mâché, abimé par trente ans de recherche quotidienne de travail, je sens que mon envie de beauté que je pensais sans limite, a précisément des limites, et que j'y suis arrivé. Terminus.

Jouer ne veut pas dire faire plaisir ou obéir à quiconque, que ce soit le metteur en scène, le casting, le réalisateur, ou le directeur de la salle. Jouer, c'est autre chose ! Jouer c'est exprimer d'une manière unique et limpide un état d'âme, un état d'esprit, une profondeur, et établir un pacte invisible et mystérieux avec le spectateur. Jouer, c'est défendre sa présence en scène, un rapport personnel et secret avec l'auteur. Jouer, c'est transgresser. Définitivement.

Je descends les escaliers. Je rejoins mes partenaires. Nous

nous donnons la main. Le rideau se lève. Lumière. Eblouissement. Saluts et applaudissements.

Ce soir, c'est la dernière.

Et après ? Je ne sais pas. Je fais partie des acteurs qui, à la fin d'un contrat, se demandent toujours si ce n'est pas la dernière fois qu'ils jouent. Et après ? Le vide, bien sûr. Le vide avant, le vide pendant, le vide après, cela fait beaucoup de vide pour un seul homme. Le metteur en scène est présent. Avant la représentation il est venu me voir dans ma loge.

« Je suis passé hier soir. Tu truques ! T'es en-dessous, alors pour revenir à niveau, tu truques. Jusqu'à la dernière t'auras truqué toi. » Et il est sorti.

Il m'a gâché toutes les répétitions, toutes les représentations, jusqu'à la dernière, et je n'ai jamais pu lui répondre. Dans la vie, je ne l'aurais pas laissé me parler ainsi, peut-être même l'aurais-je giflé. Pourquoi je le laisse faire ?

Dans une demi-heure le rideau se baissera, et je serai au chômage. Alors ces quelques secondes de jeu me paraîtront miraculeuses, et je regretterai de ne pas en avoir profité, de ne pas les avoir sucées comme un bonbon jusqu'au dernier grain de sucre, et je penserai « C'était la dernière fois que je jouais. » Demain, à 20h 30 précises, je serai en manque. Demain, il n'y a aura plus de repos. Demain, le long chemin vers un hypothétique contrat débutera, et j'essaierai par tous les moyens de revenir dans un théâtre, peu importe la pièce, peu importe le rôle, et ceux que je viendrai voir jouer seront des rois. Je serai jaloux, éperdument jaloux, mais je ne montrerai rien. Un comédien qui ne joue pas n'existe pas, alors chaque matin je serai étonné d'être encore en vie. Demain, la folie sera toute proche, demain un seul mot restera, beauté. Je n'aurai que ce mot à la bouche, beauté. Un seul souvenir, c'était beau. Demain, tout sera oublié, l'humiliation sera oubliée.

Voilà pourquoi depuis trois mois je n'ai rien dit, et j'ai répondu à toutes les vacheries de ce metteur en scène par un sourire. Ce soir, c'est la dernière. Alors beau, beau, je suis beau ! Quel dommage, il aurait fallu que je joue toutes les représentations aussi beau que ce soir. Dans quelques minutes tout sera fini. Je mets mon costume. Dans le miroir, ma silhouette se métamorphose : chemise blanche bien repassée, cravate nouée, double noeud, pantalon à pince boutonné intérieur et extérieur, bretelles, veste cintrée, raie sur le côté bien gominée, chaussures cirées, lacets bien serrés... je fais durer le plaisir, une autre vie commence. Petite, mais une autre vie quand même, donc tout est permis. Je descends les escaliers.

J'entre en scène comme si j'arrivais dans l'appartement d'une femme que j'aime. Elle me présente sa fille. Je reste immobile. Je laisse les spectateurs penser ce qu'ils veulent de cette immobilité. C'est étrange de sentir dans l'obscurité deux cents paires d'yeux sur moi, épiant mes réactions pour la dernière fois. Le temps passe au ralenti. Dans ma poitrine l'air entre sans effort. Je n'ai pas peur, je vais dire ma phrase. Chaque mot a un poids énorme. C'est beau, c'est merveilleux, j'adore, c'est magnifique, c'est l'extase. Je suis au paradis.

Voilà, je suis sorti en lui murmurant très lentement pour la dernière fois à l'oreille la plus belle phrase du monde « Le taxi est garé un peu plus loin. » Je ne parlerai plus de toute ma vie. Muet, enfermé vivant dans un cercueil. Deuxième, troisième, puis ultime intervention.

Dans ma loge, assis face au miroir, j'attends. Bientôt la fin. Dans le couloir, la femme de ménage est déjà là. Je descends l'escalier. Des larmes coulent sur mon visage, je les cache. Je passe devant Gladys, elle aussi est en deuil, c'est fini, je ne l'embrasserai pas. Je suis dans les coulisses. Sur scène les actrices pleurent. Pour la première fois j'entends distinctement la dernière réplique de la pièce : « Je me dis parfois que j'aurais dû profiter de cette merveille qui ne reviendra jamais et dont je regrette chaque seconde. Merci d'être passé me voir. L'important c'est vous. J'existe si peu. Vous reviendrez ? Quand vous partez, j'ai toujours l'impression d'avoir oublié de vous dire une chose très importante et qui m'échappe. »

Chez le même éditeur

Vertige Tagada, Michel Rouzière. 232 pages - 18 euros.

Traité de la boule de cristal, David Wahl. 84 pages - 10 euros.

Des étoiles plein les poches, Simon Eine. 278 pages - 18 euros.

Krystian Lupa, Entretiens avec Michel Archimbaud. 40 pages - 5 euros.

Michelangelo Antonioni, anthropologue de formes urbaines, dir. José Moure et Thierry Roche. 146 pages - 20 euros.

Public / privé, nouvelles acceptions culturelles, Olivier Mantei. 146 pages - 15 euros.

La République des Drôles, Jean-Baptiste Florens. 106 pages - 10 euros.

Robert Redford, Georges Di Lallo. 304 pages - 28 euros.

Secrets de clown, Paul-André Sagel. 166 pages - 15 euros.

Comment le théâtre explique l'invariabilité de la vitesse de la lumière, Jacques Baillon. 236 pages - 20 euros.

Achevé d'imprimer le 7 décembre 2016
sur les presses de
La Manufacture - Imprimeur – 52200 Langres
Tél. : (33) 325 845 892

N° imprimeur : 161191 - Dépôt légal : mars 2015
Imprimé en France